1a. edición, junio 2003.
2a. edición, octubre 2004.
3a. edición, septiembre 2005.
4a. edición, agosto 2007.
5a. edición, abril 2008.
6a. edición, agosto 2008.

©   *Las Enseñanzas de la Madre Teresa*

.©   Derechos de edición y traducción cedidos por:
Latinoamericana Editora S.A., Buenos Aires, Argentina.

©   2008, Grupo Editorial Tomo, S.A. de C.V.
Nicolás San Juan 1043, Col. Del Valle
03100 México, D.F.
Tels. 5575-6615, 5575-8701 y 5575-0186
Fax. 5575-6695
http://www.grupotomo.com.mx
ISBN: 970-666-750-4
Miembro de la Cámara Nacional
de la Industria Editorial No 2961

Diseño de Portada: Emigdio Guevara
Supervisor de producción: Leonardo Figueroa

Impreso en México - *Printed in Mexico*

LAS ENSEÑANZAS DE LA MADRE TERESA

POR LA VIDA

La vida es una oportunidad, aprovéchala.
La vida es belleza, admírala.
La vida es beatitud, saboréala.
La vida es un sueño, hazlo realidad.
La vida es un reto, afróntalo.
La vida es un deber, cúmplelo.
La vida es un juego, juégalo.
La vida es preciosa, cuídala.
La vida es riqueza, consérvala.
La vida es amor, gózala.
La vida es un misterio, devélalo.
La vida es promesa, cúmplela.
La vida es tristeza, supérala.
La vida es un himno, cántalo.
La vida es un combate, acéptalo.
La vida es una tragedia, domínala.
La vida es una aventura, afróntala.
La vida es felicidad, merécela.
La vida es vida, defiéndela.

Madre Teresa
de Calcuta

INTRODUCCION

En este libro
damos a conocer las enseñanzas
que nos ha dejado la Madre Teresa.
Para hacerlo a conciencia,
enfrentábamos un problema,
dado que ella enseñó, tanto
o más que con sus dichos, con
el ejemplo de su vida.
Mediante la inclusión de una suerte
de biografía de la religiosa
hemos intentado soslayar
esa dificultad. Dicha biografía
no es completa, ni pretende serlo.
Su único objetivo es
presentar todos los episodios
de la vida de esta excepcional
mujer de los cuales, creemos,
pueden extraerse útiles
enseñanzas.

Parte I

SU
VIDA

1
LA MUJER

Albania la tierra natal de la Madre Teresa estuvo ocupada por los turcos (el Imperio Otomano) hasta principios de nuestro siglo. Al conseguir independizarse, tres naciones se disputaron el territorio: Grecia, Bulgaria y Serbia. Asimismo, los turcos no renunciaban a su colonia. La tensión religiosa entre cristianos y musulmanes agravaba la situación.

Durante la primera Guerra de los Balcanes, las tres naciones arrebataron el control a los turcos. Luego, tras disputar entre ellas, la región quedó dividida en tres partes.

Después de la Primera Guerra Mundial, los grupos eslavos se unieron políticamente y formaron el reino de los serbios, croatas y eslovenos, con la república yugoslava de Macedonia incorporada en Serbia.

En 1929 el reino pasa a ser Yugoslavia. Los búlgaros toman gran parte de Macedonia, mientras el resto de Yugoslavia es repartido entre los alemanes, los italianos y los húngaros. Los yugoslavos lucharon entre ellos el resto de la guerra y, una vez finalizada, el mariscal Tito, un dictador comunista, quedó en el poder. Como consecuencia, Macedonia fue territorio de Yugoslavia.

Skoplje es la capital de la región de Macedonia yugoslava, a la que no hay que confundir con la provincia griega del mismo nombre. Esta denominación común acarreó muchos problemas con los griegos.

De aquella ciudad es oriunda la Madre Teresa. El padre, Nikollë Bojaxhiu, miembro de la minoría albanesa, dedicó gran parte de su vida a la liberación de Macedonia del dominio turco y a su unión con Albania, a la que consideraba la madre patria.

Es una tierra regada de sangre desde tiempos inmemoriales y aún hoy la lucha continúa. Además de ser la peor clase de lucha, ya que se enfrentan vecino contra vecino y hermano contra hermano. Para que esto suceda, concurren numerosos factores políticos y étnicos, lo que hace casi imposible la resolución del conflicto.

Una niña llamada Inés

Inés Gonxha Bojaxhiu nació el 26 de agosto de 1910 en Skoplje. Era la tercera de tres hermanos: una mujer, Age, quien le llevaba cinco años, y Lázaro, tres años mayor. Tenía muy buena relación con ambos y constituían un grupo muy unido.

La familia pertenecía a una minoría dentro de una minoría, ya que eran católicos dentro de la minoría albanesa, en su mayoría musulmanes. De clase media, los Bojaxhiu tenían un buen pasar. Al decir de su hermano Lázaro, "a nuestra familia no le faltaba nada porque mi padre tenía un negocio de materiales de construcción, en sociedad con un italiano, y poseía dos casas con jardín".

Pero, viviendo en un país desgarrado por la lucha política, los Bojaxhiu no pudieron escapar a la desgracia. El compromiso político del padre lo condujo a la muerte. Al regresar de una reunión de nacionalistas albaneses en Belgrado, Nikollë se descompuso y falleció al día siguiente durante una intervención quirúrgica. Se sospechó que había sido envenenado.

La muerte del jefe de la familia terminó con la prosperidad material cuando la futura Madre Teresa tenía nueve años. El italiano liquidó la sociedad y su madre, Drana, debió sostener a sus tres hijos, con menos recursos. Y al mismo tiempo que se lanzaba al trabajo para mantener a la familia, su religiosidad se intensificó.

Seguir su propio camino

Al tener que sobrevivir sin su marido, Drana se volcó al Señor y comenzó a llevar a sus hijos al santuario mariano de la Virgen de Letnice. Durante esas frecuentes visitas, advirtió que la pequeña Inés gustaba de quedarse sola en los oficios religiosos. Como vivían al lado de la parroquia del Sagrado Corazón, participaban diariamente de la actividad de la iglesia e Inés solía pasar largas horas a solas y en silencio en el templo.

Fue el párroco vecino, Frnajo Jambrekovic, quien descubrió el interés de la niña en leer historias de misioneros, género muy de moda por entonces. Además de marcar a la pequeña Inés con su ejemplo y, en especial, con una sentencia que luego influirá en su decisión: "En la vida, cada uno debe seguir su propio camino".

En la localidad, había dos jesuitas que misionaban en la India y la niña devoraba sus cartas donde describían los trabajos que realizaban. Años más tarde, la Madre Teresa dirá:

No había cumplido los doce años cuando sentí el deseo de ser misionera.

15

Siendo aún una niña, entró en la congregación mariana de las Hijas de María, que tenía una filial en la parroquia. Mientras tanto, los pobres que acudían a su casa eran recibidos con los brazos abiertos y, pese a que ya no nadaban en la abundancia, Drana nunca los dejó ir con las manos vacías. La vocación de Inés iba creciendo junto con la actividad asistencial.

Al fin, y como relataría más tarde la Madre Teresa:

A los pies de la Virgen de Letnice, escuché un día la llamada Divina que me convencía de servir a Dios.

Y gracias a "una gran alegría interior", terminó de convencerse de la intensidad del llamado.

La despedida de la familia

Cuando Inés cumplió los dieciocho años, su vocación se hizo irresistible. A una edad en que la mayoría de las chicas sólo piensa en vestidos y muchachos, ella pensaba en Dios y en el prójimo.

Decidida entonces a partir, solicitó su ingreso en la Orden de Loreto. El párroco jesuita le había hablado del trabajo que las religiosas de esta orden hacían en la India. A fines de 1928, su madre Drana y su hermana Age la acompañaron en tren hasta Zagreb, donde se despidieron sin saber que lo hacían para siempre. Luego de su partida, la madre y la hermana fueron a vivir a Tirana, capital de Albania, como quería su difunto padre, y su hermano Lázaro emigró.

Después de la Segunda Guerra Mundial el régimen comunista en Albania no permitió el ingreso de la Madre Teresa ni la salida de sus familiares. Fue una herida que nunca cicatrizó y que la Madre Teresa consideró un sacrificio más que le reclamaba el Señor. Sin embargo, como confesó su hermano, ésa fue la gran pena de su vida. En una oportunidad, la Madre Teresa, ya célebre, dijo:

Fiel a sus principios, no se dio por vencida y, al encontrarse en Roma con Lázaro, hacían planes para reunir a la familia. Cuando él desesperaba, ella lo consolaba asegurándole que lograrían reunirse.

Todo fue inútil, ni el proverbial tesón de la Madre Teresa pudo con la inflexibilidad del régimen comunista. En julio de 1972, en Calcuta, conoció la noticia de la muerte de su madre, y dos años más tarde la de su hermana. Su hermano falleció en Italia en 1981.

En Irlanda

Después de dejar atrás para siempre a su familia y a su patria, Inés inicia el largo peregrinaje que la llevará a recorrer el mundo dando consuelo y ayuda a los necesitados. El primer viaje fuera de su tierra la lleva por etapas a Viena, Berna, París, Londres, para arribar finalmente a Dublín. Y en la última etapa, de Dublín a Rathfannham, lugar donde se encuentra la casa general de las Hermanas de Nuestra Señora de Loreto. Allí es calurosamente recibida y se inicia en el noviciado.

En Irlanda permanece los meses previos a su partida hacia el que será su destino final: la India. En ese lapso inicia los estudios que la convierten en maestra y profesora de la St. Mary High School.

Al fin inicia el viaje que, si bien no el último, sí será el más importante de su vida. Parte por mar hacia Calcuta, adonde arriba treinta y siete días después.

En la India, un país atormentado, la Madre Teresa inicia su tarea de amor.

La India se encuentra en vías de desarrollo. Esto es evidente cuando advertimos que un tercio de su producto lo genera la agricultura. Se cultiva, básicamente, el arroz necesario para alimentar a su enorme población, cosa que no logra.

2

LA RELIGIOSA

La India es un país que adolece de grandes contradicciones y sufre una tremenda realidad. Como ejemplo de ella baste el siguiente: de los catorce millones de no videntes que hay en el mundo, cinco millones viven en la India. Hay en el país trece millones de subnormales, a los que no se puede atender, cuando no alcanzan los recursos ni siquiera para los millones de seres con capacidades normales que necesitan asistencia.

En la India vive una séptima parte de toda la humanidad. De sus seiscientos millones de habitantes, menos de la mitad (247 millones) superan el nivel de pobreza. Solamente diez millones se alimentan adecuadamente. Unos quinientos mil niños mueren por año a causa de la desnutrición y casi el 60 porciento sufre retrasos en el crecimiento y el desarrollo.

Para comprender mejor las estadísticas, habría

que acercarlas a nuestra realidad cotidiana. Esto sería como decir que de todos los argentinos, solamente los habitantes del barrio de Belgrano se alimentan bien.

Sin embargo, los hindúes son un pueblo muy espiritual, muy comprensivo. La India es, después de todo, la cuna de la resistencia pasiva, de la no violencia, enarbolada por el Mahatma Gandhi, quien aseguraba que si los cristianos obrasen como Cristo, no quedarían adeptos a la religión hindú.

Como contraste —según se ha dicho—, tienen un rígido sistema de clases según el cual la última de ellas, los intocables, sufren de abandono y carecen de todo tipo de cuidados.

El viaje en tren

El viaje en tren hasta Darjeeling a su arribo a la India es muy significativo en la vida. Durante el trayecto, la religiosa toma contacto con la verdadera India. La monja, que hasta ese momento había estado recluida en su monasterio, comparte la clase turista con los pobres. Hacinada en el vagón, con personas que viajan con todas sus pertenencias —un pequeño atado—, la futura Madre Teresa recibe el segundo llamado de la vocación. Ella siente que el Señor le pide que comparta el sufrimiento de estas personas. Pasarán los años, y al fin cumplirá con ese pedido del Altísimo.

La maestra

La Madre Teresa llegó a la India como una monja más entre otras de su congregación. Lejos estaban aún los días de renombre mundial, el Nobel y los premios.

Pero la persona era la misma. Quienes la conocieron en aquella época la recuerdan como una dinámica, enérgica y decidida mujer. Sobre todo recuerdan su alegría y su particular sentido del humor.

Entre tantas cualidades valiosas de la Madre Teresa, la alegría no es la menos importante. Si uno se detiene a pensar en el trabajo que realizó prácticamente toda la vida, se sorprende ante su capacidad para estar alegre. ¡Cómo sentirse feliz cuando se recoge a un bebé abandonado en un basural! ¿O cuando se encuentra gente agonizando en las calles como si se tratara de animales, medio comidos por las ratas...? A las personas comunes, nos cuesta estar alegres porque tenemos problemas con nuestro jefe o, incluso porque perdimos un ómnibus.

No nos equivocaríamos si dijéramos que, de la obra en favor de los pobres que la Madre Teresa ha llevado adelante, es esta alegría casi lo más importante. Ella trataba de transmitírselas; no trabajaba para ellos sufriente y con mala cara, sino que trabajaba con ellos y con alegría. Así hacía que se sintieran seres humanos.

Como hemos dicho, en la India la religiosa fue enviada a Darjeeling, ciudad cercana a Calcuta, pero muy distinta a aquélla. En esa época, Darjeeling era un centro de veraneo muy elegante, frecuentado por los británicos que, en aquellos días dominaban la India, y por las clases altas hindúes.

A su llegada, la Madre Teresa es destinada al colegio que la congregación tenía en la ciudad. Irónicamente, la primera tarea que realiza en la India es enseñar urbanidad a niñas de la alta sociedad.

Con el correr del tiempo y gracias a su perseverancia, la religiosa logra que la superiora y directora de Entalhy, unamonja mauritana que la había tomado bajo su protección, la autorice a incorporar al colegio a muchachas pobres.

Lleva a veinte chicas de Moti Sheel, un barrio bajo, a la escuela del convento e intenta educarlas. Pero después de un año, de las veinte sólo quedan dos. Las chicas no pueden adaptarse al cambio. Para ellas, es como vivir en otro mundo, y a las exigencias propias del estudio tienen que sumar otras, como aprender a usar cubiertos, algo que nunca habían hecho en la vida.

Este hecho terminará convenciendo a la Madre Teresa de que su función más importante se localiza fuera de las paredes del convento. Ella ve que para ayudar a estas personas debe convivir con ellas en su propio medio.

En Calcuta, "la antesala del Infierno", la monja se convertirá en el Angel de los Basurales.

3
EL ÁNGEL DE LOS BASURALES

Calcuta es considerada por ser la ciudad más pobre del mundo. Si la India enfrenta gravísimos problemas de pobreza y hambre, en Calcuta se concentran esos flagelos de un modo extremo. A ello se suman, además, problemas habitacionales: miles de personas, gran parte de su población, vive literalmente en la calle.

A esto hay que agregar aun el clima subtropical, con una estación húmeda que hace que sea una de las regiones del globo con más lluvias. Y su ubicación, en un terreno bajo y pantanoso, lo que la vuelve propensa a todo tipo de epidemias.

También hay quien la ha llamado "la antesala del Infierno". Pasear por sus calles parece confirmar esto: gran parte de sus catorce millones de habitantes se encuentra reducido a la mendicidad. A tal punto que se les recomienda a los turistas no dar limosna para evitar la congestión de tránsito en las calles.

Un nuevo llamado de la vocación

En una ocasión, siendo maestra en un convento de Calcuta, la Madre Teresa debió salir. Su camino la llevó por una de las zonas más pobres de la región. Lo que vio en el trayecto la perturbó tanto, que pidió permiso a sus superiores para recorrer la ciudad. Cuando lo obtuvo, se dio a las calles y terminó de convencerse: su misión estaba allí, junto a los pobres. Junto a los pobres más pobres del mundo: los "intocables" de la India.

Ese día se decidió, su convento serían los basurales de Calcuta. En ese momento, además, empezó a madurar la decisión que, más tarde, la llevó a abandonar su congregación para fundar una propia. Siempre, ante una situación angustiante, la monja se repetía *algo tengo que hacer*.

El momento había llegado; comenzó los trámites pertinentes, porque la Madre Teresa fue también muy respetuosa de la ley y de las regulaciones propias de la Iglesia. Lograr el permiso no era tarea fácil. En 1940 solicitó la autorización al arzobispo de Calcuta, que era jesuita como aquel párroco que vio despertar su primera vocación. Y si bien él recibió con agrado su pedido, debió consultarlo con Roma.

Pasaran ocho largos años hasta que los lentos mecanismos de la curia finalmente le concedieron lo que había solicitado. Durante ese tiempo, la Madre Teresa ejercerá otra de sus grandes virtudes: la paciencia. Y siempre que y sus superiores lo permitían, salía del convento armada de unas pocas vendas y mucho amor para llevar ayuda a los pobres.

Más importante aún que la escasa ayuda material que la pequeña monja solitaria pudiera aportar, era el consuelo que llevaba y el gran amor que tenía para compartir.

Abandono del claustro

Por fin, el 12 de abril de 1948 llega la autorización de la Santa Sede para abandonar el convento. Si bien se le requiere, como si hiciera falta, que mantenga su vinculación a través de los votos religiosos.

La Madre Teresa tarda unos cuatro meses, un poco más luego de tantos años de espera, en prepararse para abandonar su congregación. Su primer paso es inscribirse en un curso acelerado de práctica sanitaria en la institución de la Medical Missionary Sisters, en la cercana ciudad de Patna. Se recibirá de enfermera con su correspondiente diploma el 21 de diciembre y regresará en el acto a Calcuta para iniciar el trabajo de su vida.

Una vez más la Madre Teresa nos da muestras de un espíritu fundamentalmente práctico. Ella sabía que para ayudar eficazmente no bastaban las buenas intenciones y el amor. De modo que lleva a la práctica aquello de Dios ayuda a los que se ayudan.

A los pocos días de volver, inicia su obra y comienza por lo conocido. El 28 de diciembre consigue un permiso y funda su primera escuela en un barrio carenciado. El primer día concurren veintiún alumnos; al día siguiente, cuarenta.

Demostrando practicidad, además de su enorme capacidad de entrega, la Madre Teresa no se pregunta si lo que hace es lo más útil para esta gente. Ni pierde tiempo en prepararse extensamente para hacer algo mejor. Empieza a hacer lo que sabe, mientras se prepara para ser más útil.

¡Cuántas veces dejamos de hacer cosas que podrían ayudar al prójimo por perdernos en vueltas y consideraciones! Pensamos cuál será el modo más efectivo y, finalmente, no hacemos nada. O dejamos de hacerlo porque consideramos que no tiene relevancia. Pensemos que siempre se empieza por lo pequeño, y que lo importante es hacer algo.

Después de las clases académicas, la Madre Teresa imparte lecciones de higiene y sanidad. Sabe que por más que ayude a los enfermos, la verdadera manera de luchar contra la enfermedad es atacando sus causas.

Pero no hay que suponer que la Madre Teresa fuera una mujer de otro planeta. Era un ser humano como todos, y como tal, tenía dudas y vacilaciones. Ella misma reconoce que esos primeros días fuera del convento fueron muy duros. Que la tentación de retornar a la comodidad del claustro, donde sólo mediante una palabra la recibirían con los brazos abiertos, era muy grande.

¿De dónde sacó fuerzas, entonces? De pensar que lo que ella sufría en ese momento era poco comparado con lo que padecían aquellos a quienes quería ayudar. Después de todo, si estaba en la calle desde la mañana hasta la noche, ella tenía un lugar donde dormir. Y si los mendigos podían soportar el no tenerlo, ella también tenía que poder.

La fundación de su orden

La Madre Teresa sufría, sufría por lo poco que podía hacer ella sola por la gente. Porque, si bien le habían otorgado permiso para abandonar el convento y trabajar con los pobres, sus planes eran más ambiciosos y las necesidades de la comunidad, mucho más grandes. Ella quería encontrar Hermanas que la acompañaran en la tarea que se había impuesto.

Al mismo tiempo de pedir su exclaustración, había solicitado permiso para fundar una orden. Pero sólo una de las autorizaciones había prosperado; Recien el 7 de octubre de 1950, recibe el permiso para fundar su propia orden. Esta se llamará Nueva Congregación de las Hermanas Misioneras de la Caridad, y su convento se erigirá en Calcuta. El convento será, sin embargo, sólo un lugar de reposo al que volver luego de la jornada de trabajo, y un centro de reunión y de oración. El verdadero trabajo de las Hermanas será puertas afuera, en los barrios y las villas de emergencia.

Si bien al iniciar su tarea sus ex alumnas de la alta sociedad la habían acompañado, la Madre Teresa no tardó en darse cuenta de que para ese tipo de trabajo se requería una gran fortaleza de espíritu que sólo una vida religiosa podía garantizar. Por eso resulta indescriptible su alegría cuando el 19 de marzo una joven bengalí ingresó en su aspirantado, Para ser seguida rápidamente por otra y otra más, hasta formar una pequeña comunidad.

Claro que al principio hubo que enfrentar problemas materiales; era necesario un lugar físico para el convento y para el aspirantado. Pero una vez más la inquebrantable fe de la Madre Teresa probó ser acertada. Dios proveyó en la forma de la familia Gómez que, atraída por la fama que empezaba a cobrar el trabajo de esta pequeña religiosa, se acercaron a ella; quedaron tan impresionados por la energía y la convicción que resplandecían en la pequeña mujer, que le ofrecieron una casa para que funcionara su congregación.

A partir de ese momento, la obra de esta monja tenaz se orientará a brindar amor y protección al "Cristo pobre".

4
LA DIMENSION DE SU OBRA

Toda organización debe tener un reglamento con el cual manejarse. Las órdenes religiosas no son la excepción. Por lo tanto, las Hermanas Misioneras de la Caridad también tuvieron su regla.

La Madre Teresa no dejaba nada librado a la improvisación. Una anotación hecha en su diario a poco de abandonar el convento, en el tiempo en que aún no había recibido autorización para fundar su orden, lo expresa vivamente.

La creación de la regla

El 19 de marzo de 1950 presenta su código al Vaticano para su aprobación.

A los clásicos votos de pobreza, castidad y obediencia, las monjas de la Madre Teresa agregan un cuarto: trabajar para los pobres más pobres. Sus propósitos esenciales, tal como lo dice expresamente la regla, son:

Trabajar para la conversión y santificación del pobre en los barrios, por el cuidado del enfermo y de los moribundos, la protección y la enseñanza al niño de la calle, la visita y el cuidado de los pordioseros, y el asilo para los abandonados que no tienen nada.

Si bien todos los religiosos hacen votos de pobreza, y éste está incluido en la Regla de las Hermanas Misioneras de la Caridad, la Madre Teresa les hace siempre a sus monjas especial hincapié en él, como cuando les dijo:

Nosotras elegimos ser pobres, al lado de quienes no pueden ser otra cosa que pobres. De esta manera, permitimos a Cristo vivir la pobreza con ellos. Nuestro lema es ver en el mundo al Cristo pobre. Ser Cristo para los pobres. Nuestra vocación es la pobreza, el amor, la caridad.

Una Misionera de la Caridad, además del servicio a los pobres, debe abandonarse totalmente al Señor y tener una confianza ciega en sus compañeras.

El hábito hace al monje

Cuando abandonó el convento para trabajar con los pobres, la Madre Teresa cambió el hábito de las Hermanas de Loreto por un sari blanco y sencillo con guardas azules y un pequeño crucifijo sobre el hombro. El sari es un vestido tradicional que llevan las mujeres más pobres de la India. La Madre Teresa lo adoptó a modo de símbolo de su compromiso con el país y su gente, especialmente con los pobres.

Más tarde, al fundar su orden, no quiso para

sus religiosas otro hábito que el sencillo y austero sari blanco. Cuando se le preguntó por qué lo había elegido, ella respondió:

El sari permite a las hermanas sentirse pobres entre los pobres, identificarse con los enfermos, con los niños, con los ancianos desamparados, compartiendo en el mismo vestido la forma de vida de los desposeídos de este mundo.

La Madre Teresa le daba mucha importancia a este símbolo; sostenía que para ayudar al otro había que entenderlo. Para entenderlo realmente a la vez había que experimentar lo que el otro experimentaba.

Viviendo y vistiendo como aquéllos a los que se intentamos ayudar, los sentimos y conocemos como seres humanos. Así se evita cierta sensación de superioridad que puede presentarse respecto de los pobres. Nadie desconoce que, incluso, gente muy piadosa y dedicada a la obra solidaria tiende a subvalorar a los desposeídos.

Tanto estimaba la Madre Teresa este símbolo, que les encomendó expresamente a sus religiosas:

Cuando nos vestimos lo deberíamos hacer con devoción, recordando el significado de cada una de las prendas que integran nuestro hábito religioso: el sari con su guarda azul es símbolo de la humildad y la modestia de María; el cinturón representa su pureza angelical; las sandalias representan nuestra libre elección de esta vida dedicada al Señor, y el crucifijo es el símbolo del amor.

En la obra de la Madre Teresa se mezclan siempre una firme espiritualidad y una gran practicidad. A todas estas consideraciones espirituales no podemos dejar de agregar el costado práctico. Por tratarse de como es una vestimenta tradicional, el sari está perfectamente adaptado al clima y a las costumbres del país a través de los siglos. Esto lo transformo en una prenda ideal para la Madre Teresa y sus religiosas, cuyo trabajo se desarrollaba casi siempre al aire libre.

Para ilustrarlo aún más, esta anécdota, contada en una ocasión por la Madre misma, nos da una idea completa de la situación. En una ocasión, una religiosa vestida de civil se vio perseguida por un hombre del que trataba de huir, mientras él corría más que ella. La religiosa vio a un policía y corrió hacia él para pedirle ayuda. El policía se enfrentó con el perseguidor, que había confundido a la religiosa con una mujer como cualquier otra. Una vez que el hombre se hubo retirado, el policía le preguntó a la monja por qué había pensado que él la podía ayudar.

Ya más tranquila, la religiosa le dijo que había visto, por su uniforme, que era policía. A esto él le contestó: "Sin uniforme, ese individuo no podía reconocerla como religiosa".

De la preocupación de la Madre Teresa por la vestimenta también nosotros podemos extraer valiosas conclusiones que son aplicables al quehacer cotidiano. ¿Pensamos alguna vez, al comprar nuestra ropa, en su significado simbólico? ¿Nos preguntamos por su practicidad? Debemos considerar que si bien la vestimenta debe llenar ciertos requerimientos estéticos, porque nadie y mucho menos la Madre Teresa está en contra de la belleza, debería ser fundamentalmente práctica.

Asimismo, también hay que tener en cuenta que nuestra forma de vestirnos incidira en el modo como los demás nos considerarán. Y, tal vez, la imagen que estemos dando de nosotros mismos no sea la real.

Cinco rupias

La Madre Teresa inició su obra con lo puesto,

esto es, su sari blanco y un bolso de tela rústica. Tiempo después recordaba cómo fueron esos primeros días:

Tenía la sensación de lo insoportable que tiene que ser, para muchos, su pobreza; mientras en busca de una casa o refugio, daba vueltas sin rumbo fijo, mis brazos y mis piernas llegaron a sentirse rendidos. Pensé cuánto les tiene que doler el alma y el cuerpo a los que van en busca de casa, de alimento o de salud.

También recuerda que:

En mi primer recorrido por las calles de Calcuta, tras haber dejado el Convento de Loreto, se me acercó un sacerdote pidiéndome que ofreciese también yo mi contribución para una colecta a favor de la buena prensa. Había salido con cinco rupias, de las cuales ya había dado cuatro a los pobres. Le entregué lo que me quedaba. Al atardecer, el mismo sacerdote vino a verme con un sobre. Me dijo que se lo había entregado un señor desconocido, que había ido a hablar de mis proyectos y quería ofrecer su ayuda. En el sobre había cincuenta rupias. Tuve la sensación, en aquel momento, de que Dios empezaba a bendecir la obra y que nunca me habría de abandonar. La esperanza se hacía posible.

Ella estaba convencida de que la fe todo lo puede si va acompañada de trabajo duro y voluntad. Una vez puesto todo nuestro esfuerzo en la tarea, sólo resta esperar y tener fe. Por supuesto que no es fácil, pero siempre que lo intentemos podemos pensar en esa pequeña mujercita que salió un día con su fe y cinco rupias a arreglar los males del ancho mundo. Y si bien tal vez no lo haya logrado, sembró tanto bien como miles de otras personas juntas.

Los niños Primero

El principio de la obra de la Madre Teresa fue acorde con su profesión de maestra: una escuela, que estableció el 28 de diciembre de 1948. El primer día de clases tenía veintiún alumnos, al día siguiente su numero se había duplicado.

Siempre atendiendo a todo, como podemos ver por las anotaciones de su diario, lo primero que hacía la Madre Teresa era lavar a los niños y darles lecciones elementales de higiene. Sólo entonces pasaban a las clases y al catecismo.

También recuerda la Madre Teresa que su primer pizarrón era el suelo de tierra.

El origen de gran parte de las enfermedades que luego llenarían de moribundos su hogar era, justamente, la falta de higiene. Si relacionamos este hecho con los primeros pasos de la Madre Teresa en su obra, advertimos en ella una visión fuera de lo común para su época. Y como con todos los problemas que enfrentaría desde el principio, la Madre Teresa fue derecho a la raíz.

Kali

Mientras recorría las calles al principio de su obra, la Madre Teresa contemplaba uno de los más terribles espectáculos que puede dar la humanidad. Cientos, miles de personas agonizando en la acera, mientras el tránsito normal de la ciudad pasaba a su lado ignorándolos.

Profundamente conmovida por el sufrimiento de estas personas que literalmente morían como perros, la Madre Teresa buscó evitarlo en parte. Se dirigió entonces a las autoridades con un pedido muy particular. Les dijo:

Denme una casa en el centro, y yo me ocuparé de atender a los moribundos.

Pese a la buena voluntad del gobierno, éste tampoco contaba con medios. La única edificación adecuada a los fines de la religiosa estaba consagrada a la diosa Kali. Y aunque temían la reacción de los bonzos (sacerdotes de Kali), se la otorgaron.

Estos temores tenían bases ciertas; Poco tiempo despues la Madre Teresa se enteró de un plan de los bonzos para asesinarla. Su reacción fue inmediata: se dirigió al jefe de los sacerdotes y le dijo:

Si lo desean, liquídenme ya mismo, pero, por favor, no hagan daño a los moribundos.

Luego de este encuentro comenzaron a aceptarla, aunque algunos continuaban resistiéndola. Incluso, fueron a la policía solicitando que se la echara del lugar.

El comisario aceptó el encargo, pero puso como condición comprobar personalmente las cosas. Al llegar, la Madre Teresa estaba curando a un enfermo grave, tratando sus heridas agusanadas con permanganato. El olor que salía de ellas era insoportable.

Cuando se desocupó, la Madre Teresa se ofreció a acompañarlo en una recorrida. El hombre educadamente le agradeció, pero le dijo que prefería ver por su cuenta.

Al salir enfrentó a los acusadores de la religiosa y les dijo: "He comprometido mi palabra de que arrojaría de aquí a esta mujer y quiero cumplirla. Pero, antes de hacerlo, tenéis que convencer a vuestras madres y hermanas para que hagan lo que hace ella. Es la única condición para que ejerza mi autoridad". y añadio a continuación: "En este edificio hay una estatua de la diosa Kali. Yo acabo de ver a la diosa Kali en persona".

A partir de ese momento las relaciones de la Madre Teresa con los bonzos mejoró. A tal punto que la gran mayoría llegó a compartir la opinión del comisario.

El hogar de los moribundos

Tras el incidente con los bonzos en el templo de Kali (Kalighat) comienza a funcionar el "hogar para moribundos abandonados" (Nirmal Hriday).

¿En qué otro lugar del planeta un establecimiento público se atrevería a lucir en su fachada un cartel que dijera: "Corporación de Calcuta, Nirmal Hriday, Hogar para moribundos abandonados"? ¿Y qué persona se hubiera atrevido a semejante tarea, sino la Madre Teresa?

Para tener idea de la magnitud de la obra emprendida, pensemos que por allí han pasado más de treinta mil personas: hombres, mujeres y niños rescatados de los basurales.

El hogar cuenta con dos salas de setenta y dos camas, catres en realidad que están siempre ocupadas. El gobierno organiza un servicio similar a la recolección de basura en las grandes ciudades, que junta a los moribundos todos los días y los traslada al hogar.

De los que llegan, sólo la mitad sobrevive. Es poco lo que las hermanas pueden hacer por ellos, materialmente. Se los higieniza, se les suministran los pocos medicamentos disponibles y se los conforta.

Si esto parece poco, tengamos en cuenta que por más sencilla que sea la cama que se les brinda, es la única que han conocido en toda su vida.

Hay que entender que las metas de la Madre Teresa eran muy realistas. Se trata por supuesto de curar a quienes allí llegan, pero no es ésa la función del hogar. No es un hospital, es algo más humilde, un lugar donde la gente puede ir a morir decentemente.

La Madre Teresa se cuidó bien de que así fuera. Por principio rechazó tener médicos fijos y equipamiento sofisticado. Sabía que eso llevaría a la institucionalización del hogar, y trató siempre de evitarlo en toda su obra.

Esta actitud resulta difícil de entender para mucha gente, pero el caso del hogar resulta ideal para comprenderlasm razones de la Madre Teresa. Pensemos qué hubiera pasado si ella hubiera equipado el hogar como un hospital. Siendo limitada la cantidad de camas, de médicos y de remedios, por una simple cuestión práctica, éstos se hubieran destinado a aquellos pacientes que tuvieran más posibilidades de salvarse. ¿Quién se habría ocupado entonces de los demás?

Tengamos en cuenta, también, que en Calcuta existen hospitales, aunque, como es evidente, no alcanzan para albergar a todos los moribundos. En conclusión, no se puede curar a todos los enfermos y alguien debe ocuparse de los que no tienen cura. Esto lo advirtió la Madre Teresa y a ello dedicó su vida.

El leprosario

La Madre Teresa tenía a su cargo una ciudad: Shanti Nagar (Ciudad de la Paz), habitada por cuarenta mil leprosos. Además de un leprosario, llamado Howrak en el suburbio del mismo nombre en Calcuta.

La lepra es uno de los peores azotes que padece Calcuta. Es una enfermedad terrible, no sólo por sus síntomas y consecuencias, sino también porque el rechazo a los enfermos es total. Desde tiempos inmemoriales se ha apartado a los leprosos. Se los privaba de todo contacto humano y, en ciertas épocas, se los obligaba a llevar una campanilla para que al escucharla los sanos pudieran evitarlos.

Una de las primeras obras de la Madre Teresa fue crear un hogar para esta gente, donde ella misma los curaba y les acercaba afecto. Sin temor al contagio, amparada en su enorme fe, la Madre Teresa ha estado en contacto con esta enfermedad durante décadas.

Para comprender mejor a qué se enfrentaba a diario la religiosa, nada mejor que sus propias palabras:

En nuestro leprosario, donde cuidamos a todo tipo de enfermos de este terrible flagelo, estamos construyendo un Hogar para Niños. El milagro de Dios es que los hijos de los leprosos son, en el momento de su nacimiento, perfectamente sanos. Entonces, antes de que el niño nazca, preparamos a los padres para que renuncien a su hijo, por su propio bien. Tienen que entregarlo antes de darle el primer beso, antes de empezar a alimentarlo. Nosotros cuidamos al niño.

Un día vi a una madre y a un padre ubicando a su recién nacido, de sólo tres días, entre ellos. Se miraban el uno al otro, y miraban al niño, mientras sus manos se acercaban al pequeño... para retirarlas de inmediato; se inclinaban en su irresistible deseo de besar a su criatura, para desistir de ello a último momento.

No puedo olvidar el profundo amor de esos padres por su hijo. Tomé al niño en mis brazos y me alejé con él, y ellos se quedaron mirándolo hasta que lo perdieron de vista. ¡Es imposible para mí olvidar la agonía y el dolor de aquellas miradas!

Les dolía renunciar a su hijo, porque lo amaban más que a sí mismos, y por eso fueron capaces de renunciar a él. Hoy se les permite ver a su hijo, pero no tocarlo.

¡El amor es la única fuerza que permite a esos leprosos no acercarse a sus hijos para no contagiarlos de su enfermedad!.

La expansión por el mundo

La expansión de las Misioneras de la Caridad tuvo como único límite aquellos que impone la Iglesia. Esta institución cuenta con severas reglamentaciones respecto de las órdenes nuevas como la de Madre Teresa. Por eso, la suya debió superar un largo período de prueba antes de contar con la aprobación papal para expandirse más allá de sus fronteras originales.

Recién en el año 1966 abren su primera casa en el exterior, en Venezuela, más precisamente en Caracas. Esto ocurrió por un pedido expreso, y una gran insistencia, del obispo de Barquisimeto. A partir de ese momento, el ritmo expansivo de la congregación es vertiginoso.

Por ejemplo, en el año 1981 se llevaron a cabo las siguientes fundaciones:

- 8 en la India
- 3 en Estados Unidos
- 3 en Centroamérica
- 3 en Sudamérica
- 2 en Europa
- 3 en Africa
- 3 en Asia
- 1 en Australia.

En la actualidad, las Hermanas de la caridad están presentes en todo el mundo. Incluso en Argentina, donde cuentan con una casa en la localidad de Zárate.

5
SUS SEGUIDORES

S i bien la Madre Teresa inició su obra en soledad, no lo estuvo durante mucho tiempo. Por décadas la acompañó la Hermana Frederick. Ella ha sido su vicaria, quien la sustituía y representaba jerárquicamente a las Misioneras de la Caridad. Literalmente su mano derecha.

Esta Hermana, de origen maltés y nacionalidad británica, era en quien la Madre Teresa delegaba la ejecución de muchas tareas administrativas. Contaba sobre su superiora con una gran ventaja, ya que no era conocida por el público y esto le evitaba el asedio periodístico que comúnmente debía soportar la superiora de la orden.

Aunque con la misma capacidad infatigable para trabajar, hay sin embargo un aspecto en el carácter de la Madre Teresa del que carecía la Hermana Frederick. Siempre se dijo que la Madre Teresa era más humana que ella.

La Hermana Frederick es célebre por su exigencia; como ejemplo, brindamos esta anécdota:

En una ocasión la Hermana Frederick debía supervisar el traslado de la casa de las Hermanas en España. Las monjas habían recogido un perrito callejero al que tenían de mascota. Una vez que la furgoneta estuvo cargada y llegó la hora de partir, la Hermana Frederick reparó en el animal. En ese momento tomó una decisión que comunicó de esta manera: "No, Hermanas. Nuestras Constituciones no dicen que podamos dedicar nuestros cuidados a animalitos domésticos, sino a los pobres...".

Hermanos Misioneros de la Caridad

Además de su congregación, la obra de la Madre Teresa incluye otra fundación religiosa: los Hermanos Misioneros de la Caridad. Ella constituye la contraparte masculina de las Hermanas, pero tiene algunas diferencias. Estas provienen de su creación misma, que no fue exclusiva de la Madre Teresa, sino compartida con un exsacerdote jesuita, el hermano Andrew, en 1963. Este sacerdote es el Siervo General de la orden desde su creación.

La fundación cuenta ya con más de cuatrocientos profesos y novicios. Tienen también numerosas comunidades en Asia, América y Europa.

Lo que comparten plenamente con las Hermanas es su compromiso con los más pobres y también, su estilo de vida.

Los colaboradores

La inmensa obra de la Madre Teresa no termina con las Hermanas Misioneras de la Caridad. Aunque, si así fuera, ya sería asombrosa.

El hecho es que si bien la orden cuenta con más de dos mil monjas, ni siquiera constituye el grupo más grande, en términos numéricos, de quienes integran la obra.

El grupo más numeroso está constituido por los colaboradores, que superan los ciento cincuenta mil. Esta agrupación se rige por un estatuto de fuerte raigambre religiosa. Sin embargo, no toman votos religiosos y, a diferencia de las Hermanas, no asumen un compromiso de por vida.

Lo realmente notable de esta agrupación es que no se les exige una profesión de fe en particular. Hay colaboradores que no son católicos y otros que ni siquiera son cristianos.

Sólo se requiere para integrarla un corazón dispuesto a amar y servir a los pobres, y cierto desapego por lo material.

La Compañía de Jesús

Quizá nos llame la atención citar aquí a los jesuitas. En especial, si consideramos que es una orden mucho más antigua que la de la Madre Teresa, y con la cual no tiene ningún lazo orgánico más allá de la pertenencia de ambas a la Iglesia.

Pero hay una larga y profunda asociación entre la Madre Teresa y la orden Jesuítica, que se inicia durante la niñez de la monja. Recordemos que quien despertó su primera vocación era jesuita.

Esta relación continuará en la India, donde el obispo de Calcuta, monseñor Perier, era también jesuita y le autorizó la creación de su orden. También su consejero espiritual, el padre Van Axem, pertenecía a la Compañía, y de él recibió el apoyo y el estímulo que necesitaba. Por último, será un jesuita quien haga posible el viejo sueño de fundar una rama masculina de su obra, el Hermano Andrew.

Pero además del apoyo de otras órdenes religiosas, la obra de la Madre Teresa será ampliamente reconocida en el mundo entero desde los más altos niveles.

6
EL RECONOCIMIENTO

El Nobel

La Madre Teresa fue galardonada, aunque para muchos tardíamente, con el premio Nobel en 1979. Lo recibió con su tradicional humildad y las siguientes palabras:

El Nobel me ha sido dado en razón de los pobres. Pero creo que este premio va más allá de las apariencias. De hecho, ha despertado una implicación de conciencias por todo el mundo. Se ha convertido en una especie de recordatorio de que los pobres son nuestros hermanos y nosotros deberíamos darles muestras de nuestro amor.

También dio pruebas de su generosidad al recibir la noticia, cuando redactó elsiguiente comunicado:

Dios mediante, el 8 de diciembre estaré en Oslo. Como el comité del premio Nobel de la Paz ha puesto a mi disposición otros dos billetes, además del destinado a mí, y especialmente como muestra de amor y gratitud hacia todas las Hermanas del primer grupo, por el coraje de haberse unido cuando no existía nada, desde la alegría de no tener nada y sin embargo de poseer a Jesús en plenitud, y porque amando a Jesús amaron a los pobres, por eso llevaré conmigo a Oslo a las hermanas Agnes y Gertrude.

Otros premios

Además del Nobel de la Paz, que le dio una gran popularidad mundial, la Madre Teresa fue premiada en innumerables ocasiones. Citaremos solamente algunos de los reconocimientos más importantes.

✱ El primero lo recibió en 1962 de parte de el gobierno indio. El Padna Shri (Orden del Loto), premio máximo otorgado por dicho gobierno, le fue entregado en persona por el presidente hindú Rayudra Pressad.

✱ Ese año el Magsasay Prize le fue concedido por la Conferencia de Estados Asiáticos, quienes la proclamaron "la mujer más benemérita de Asia".

✱ En 1967, el primer ministro de la India Pandit Nehru le dio el premio "A la comprensión internacional".

✱ En Estados Unidos se hizo acreedora, en 1971, del premio al "Buen Samaritano".

✱ Ese mismo año recibió el premio de la Fundación Kennedy y el título de Doctor en Humanidades de la Universidad de Washington.

* También en 1971, recibe el Juan XXIII de la Paz.

* En 1973 la ciudad de Milán la nombra "Madre de Asia".

* Al año siguiente, Estados Unidos la premia como "Mater et Magistra".

* En 1975 recibe el "Albert Schweitzer".

Parte II

SUS
ENSEÑANZAS

1
HECHOS NO PALABRAS

Lo maravilloso de la Madre Teresa es que con ella las palabras estaban de más: predicaba con sus actos. Si bien no renegaba, ni mucho menos, de la oración, no pretendía arreglarlo todo sólo con ella. La Madre Teresa practicaba aquello de "Dios ayuda al que se ayuda". Renegaba de la burocracia, de los comités; sostenía que era tarea para otros, ella no tenía tiempo habiendo tanta gente hambrienta.

En su propia orden, en su obra, no perdía energías trazando planes, tratando de prever el futuro. Simplemente se lanzaba al trabajo, convencida de que entonces Dios se ocuparía de que las cosas llegaran a buen puerto, y generalmente así ocurría.

El amor no vive de palabras, no puede ser explicado... Sobre todo el amor que sirve a Dios, que viene de Dios, que lo encuentra y que lo conmueve. Tenemos que llegar hasta el corazón, y para llegar allí, tenemos que actuar. El amor se demuestra a través de los hechos.

En estas palabras advertimos algo a lo que la Madre Teresa daba preeminencia: los sentimientos. Ella insistió siempre en que más que lo que damos, importa cómo lo damos. Los hambrientos necesitan comer, es verdad, pero su hambre no es sólo de comida; no sólo de pan vive el hombre. A veces conforta más al necesitado una sonrisa que un pedazo de pan, y un abrazo vale más que cien palabras.

Los colaboradores deberían dar muestras de un amor concreto. Nuestras obras de amor no son más que obras de paz. Hagámoslas con amor más grande y con mayor eficiencia. Cada uno en su trabajo, en su vida de cada día, en su hogar, con sus vecinos.

Una vez más vemos la importancia que la Madre Teresa le daba al afecto. Pero a un afecto traducido en obras. No decirle al mundo cuánto lo queremos mientras encendemos el televisor, sino tomarnos unos minutos para compartir cosas con el otro, ya sea en nuestro hogar o en nuestro trabajo. Acompañar a los demás en sus problemas cotidianos.

2
LA POBREZA

Si a algo dedicó su vida la Madre Teresa fue a los pobres. Ahora bien, ¿qué entendía ella por pobres? Evidentemente y en primer lugar, aquellos que nada tienen materialmente, los que pasan hambre. Pero también aquellos que están solos y abandonados, los pobres de espíritu.

Si no comprendemos así las cosas, caeríamos en el error de estimar que todo lo que la Madre Teresa predicaba era adecuado para la India, donde la gente muere de hambre en las calles, donde las enfermedades hacen estragos y casi todos están sumidos en la pobreza material. Pero no para otros paises, donde esas cosas no pasan, o pasan con menos frecuencia.

¿Es así? ¿Sabemos realmente que esas cosas no pasan? ¿Acaso nos ocupamos en comprobar lo que pasa a nuestro alrededor?

Y aunque fuera cierto y esas cosas no pasaran, ¿sabemos si los que nos rodean sufren? Por eso la Madre Teresa nos aconseja:

Tenemos que amar a los que están más cerca de nosotros, en nuestra propia familia. De ahí el amor se esparce hacia todos los que tienen necesidad de nosotros. Tenemos que llegar a conocer a los pobres de nuestro entorno, porque sólo conociéndolos seremos capaces de comprenderlos y amarlos. Sólo cuando los amamos, podemos servirlos.

Porque, a veces, pensamos todo esto y nos decimos, ¿qué puedo hacer yo de todos modos?, y seguimos nuestro camino. La Madre Teresa nos dice que debemos conocer a los que nos rodean y saber de sus problemas. Cuando los conozcamos, nos sorprenderá todo lo que podemos hacer por ellos, incluso sin grandes sacrificios.

Seguramente al conocer a los pobres nos sorprenderemos, pues como dice la Madre Teresa:

Mis años de servicio a los pobres me han ayudado a comprender que son justamente ellos quienes mejor comprenden la dignidad humana. Su principal problema no consiste en carecer de dinero, sino en ver reconocido su derecho a ser tratados con humanidad y con amor.

[...] Los pobres constituyen la esperanza de la humanidad. Los que padecen hambre, los enfermos, los desechados: el tema de nuestro juicio será constituido por el amor que les hayamos demostrado. Ellos son nuestra esperanza de salvación. Tenemos que ir a ellos y tratar a cada uno como trataríamos a Jesús. No importa quiénes son o dónde se encuentran. Tenemos que ver en ellos a Cristo.

Debemos tener siempre presentes las palabras de la Madre Teresa:

Nosotros, y no Dios, creamos la pobreza.

Si a veces nuestros pobres han muerto de hambre, no es porque Dios no cuidó de ellos, sino porque ustedes y yo no fuimos capaces de dar. No fuimos instrumentos en las manos de Dios para darles ese pan, esa ropa; no supimos reconocer a Cristo cuando, una vez más, vino hacia nosotros bajo ese terrible disfraz: el del hombre hambriento, del hombre solitario, el niño solitario buscando alimento y abrigo.

Según Teresa de Calcuta, cuando hacemos algo por los demás somos nosotros quienes debemos estarles agradecidos. Ellos nos brindan la oportunidad de ayudar, de arreglar las faltas cometidas por el hombre mismo. Por eso:

Tenemos que ir al encuentro de los que no tienen a nadie, de los que son víctimas de la peor de las enfermedades: la de no ser queridos, de ser indeseados, de quedar fuera de todo cuidado. En ellos encontraremos a Cristo, que está en los pobres y en los abandonados.

Y en caso de que el Señor decida probarnos con un destino de pobreza, debemos recordar siempre que:

Nada poseía ya nuestro Señor en la cruz... esa cruz que incluso le había sido dada por Pilato. Los soldados pusieron los clavos y la corona de espinas. Estaba desnudo cuando murió, y además le quitaron la cruz, los clavos y la corona. Fue envuelto en una mortaja donada por un alma caritativa y ente-

rrado en una tumba que no era suya.

Sin embargo, Jesús podría haber muerto como un rey. Pero El eligió la pobreza, porque sabía, en su sabiduría infinita, que esa es la verdadera forma de poseer a Dios, de conquistar Su corazón, de hacer que Su amor descienda del cielo a la Tierra...

Debemos irradiar el gozo de ser pobres, más con nuestra conducta que con nuestras palabras.

3

EL AMOR

En estos tiempos de globalización de las comunicaciones, escuchamos y leemos sobre el amor muchas veces por día. Tanto se habla sobre él, que su significado se ha vuelto equívoco, ambiguo. Por eso es muy útil la siguiente apreciación de la Madre Teresa sobre el tema:

La palabra amor es tan malentendida como mal empleada. Una persona puede decir a otra que la quiere, y a la vez intentar tomar de ella todo lo que pueda, incluso cosas que no debe tomar. En esos casos, no se trata en absoluto de un amor verdadero. El amor verdadero puede llegar a doler. Por ejemplo, es doloroso tener que dejar a alguien a quien se ama. Quien contrae matrimonio, tiene que renunciar a todo lo que obstaculiza el amor a la otra parte. La madre que da a luz a un hijo sufre mucho. Lo mismo sucede con nosotras en la vida religiosa: para pertenecer plenamente a Dios, tenemos que renun-

ciar a todo: *sólo así podemos amar verdaderamente.*

Con estas palabras la Madre Teresa nos enseña que el amor es fundamentalmente desinteresado y que no hay lugar en él para el egoísmo. Esto es evidente en la anécdota que nos relata la Madre Teresa a continuación.

Recuerdo a una mujer que tenía doce hijos y la mayor de ellos estaba dolorosamente tullida. No puedo describir lo que era esa criatura, física y mentalmente. Le ofrecí llevar a la niña a nuestro hogar, donde hay tantas otras como ella, y le dije que allí recibiría los cuidados necesarios. La mujer comenzó a llorar y me dijo: "Madre, no me diga eso, no me diga eso. Esa hija es el mayor don que Dios nos ha dado a mí y a mi familia. Todo nuestro amor se centra en ella. Nuestra vida estaría vacía si usted nos la quitara...."

¿Cuántas veces encontramos hoy en día, en nuestra civilización moderna, ese ejemplo de amor tan profundo, tan lleno de comprensión? ¿Somos capaces de entender que en nuestros hogares, que mi hijo, mi esposo, mi mujer, mi padre, mi madre, mi hermana, mi hermano, necesitan esa comprensión, esa mano tendida?

El amor es, entonces, comprensión y entrega:

Para que el amor sea verdadero, nos debe costar. Nos debe doler. Nos debe vaciar de nosotros mismos.

El amor tiene que cimentarse sobre el sacrificio. Tenemos que dar hasta sentir dolor.

Si bien el amor se alimenta de gestos y de palabras, y no hay nada más sano que expresar nuestros sentimientos, no debemos detenernos en eso.

No olvidemos que también debemos manifestarlo en hechos, para no caer en aquello de "porque te quiero, te aporreo"; la Madre Teresa es muy clara al respecto:

El amor no vive de palabras, no puede ser explicado... sobre todo el amor que sirve a Dios, que viene de Dios, que Lo encuentra y que Lo conmueve. Tenemos que llegar hasta el corazón, y para llegar allí, tenemos que actuar. El amor se demuestra a través de los hechos.

Gran parte de los males de nuestra sociedad actual se originan justamente en la falta de amor. Para solucionarlos, tenemos que comprender cuál es la verdadera naturaleza del amor:

Tenemos que amar a los que están más cerca de nosotros, en nuestra propia familia. De ahí el amor se esparce hacia todos los que tienen necesidad de nosotros. Tenemos que llegar a conocer a los pobres de nuestro entorno, porque sólo conociéndolos seremos capaces de comprenderlos y amarlos. Sólo cuando los amamos, podemos servirlos.

4
LA CARIDAD

Generalmente confundimos caridad con limosna, cuando en realidad son dos cosas bien diferentes. En ambos casos se trata de dar, pero la caridad es algo más que sólo dar. La caridad es también comprensión y perdón. La Madre Teresa lo entiende así cuando nos dice:

Sean bondadosos y caritativos. No permitan nunca que nadie que haya acudido a ustedes se vaya sin sentirse mejor y más feliz. Sean la expresión viva de la bondad de Dios: bondad en sus rostros, en sus ojos, en su sonrisa, en su cálido saludo.

¿Dónde se origina la caridad? La Madre Teresa nos enseña que:

Como el hijo es fruto del sacramento del matrimonio, de la misma suerte el voto de caridad es fru-

to de vuestra unión con Cristo.

Pero es cierto que básicamente la caridad es dar. Veamos qué dice la Madre Teresa acerca de ello:

No nos conformemos con dar simplemente dinero; el dinero no es suficiente, porque es más fácil de conseguir que otras cosas. Lo que los pobres necesitan son nuestras manos para servirlos; es nuestro corazón para amarlos. La religión de Cristo es el amor y la difusión de ese amor.

Muy bien, pero... ¿cuánto tenemos que dar? En ese sentido, la Madre Teresa reclama de nosotros:

Espero que no den sólo lo que les sobra. También tienen que dar lo que les cuesta y resulta difícil dar, hacer un sacrificio, prescindir de algo que realmente quieren. De esa manera su regalo tendrá valor a los ojos de Dios. Sólo entonces serán realmente hermanos y hermanas de los pobres, que se ven privados aun de las cosas de primera necesidad.

La Madre Teresa nos hace este reclamo porque tiene presente, al contrario de nosotros, que muchas veces lo olvidamos, que cuando damos no estamos regalando algo que nos pertenece sino devolviendo lo que nos han dado. La Madre Teresa nos lo recuerda:

Damos amor y tiernos cuidados a los moribundos... todas las cosas que los ricos compran con su dinero, nosotras las damos por amor a Dios. Si la gente de los Estados Unidos no responde a las necesidades de otra gente, no sentirá nunca la sonrisa de Cristo en sus vidas. Lo que les es dado, les es dado para compartirlo con los demás, no para guardárselo.

Tengamos siempre presente que aquel que recibe es quien nos da y, por lo tanto, deberíamos estarle agradecidos. Porque, como nos enseña la Madre Teresa:

No queremos que la gente dé a partir de su abundancia. Le estamos dando la oportunidad de amar a su prójimo. Le estamos dando una oportunidad.

Siempre que tengamos dudas, o que nuestros esfuerzos nos parezcan excesivos, tomemos el ejemplo de la Madre Teresa cuando remite al primer milagro obrado por Jesucristo de convertir el agua en vino, durante la celebración de las bodas en Galilea:

La caridad de María nos enseña amor, bondad y generosidad. Fue corriendo a atender a su prima Isabel. "No tienen vino" le dijo a Jesús en Caná.

Seamos, como ella, conscientes de las necesidades de los pobres, ya sean necesidades espirituales o materiales, y sepamos dar generosamente, como ella lo hizo, el amor y la gracia que se nos ha concedido.

5

EL PERDON

Todos tenemos defectos y cometemos errores y, naturalmente, cuando nos equivocamos o actuamos mal queremos ser perdonados. Pero, ¿estamos dispuestos a perdonar a los demás? Una cosa va de la mano de la otra, como bien nos señala la Madre Teresa:

El cristiano tiene que aprender a perdonar. Debemos ser conscientes de que, para ser perdonados, tenemos que estar dispuestos a perdonar. Pienso en pueblos como el de Irlanda del Norte, Bangladesh y Amán, pero también en otros pueblos. Conseguirán la paz si saben perdonar.

Algunas personas tenemos la tendencia a formular juicios acerca de todo y de todos. Vivimos en sociedades que hacen de los rumores un hábito nada recomendable. ¿Acaso pensamos, antes de hablar, en el daño que una palabra dicha sin reflexionar puede causar a los demás? ¿Conocemos realmente todo de aquellos sobre los que hablamos? La Madre Teresa nos llama la atención sobre esto y nos recuerda nuestro deber cristiano al respecto, dándonos a la vez una lección de humildad:

No debemos emitir juicios de condena, de murmuración. Ni siquiera permitirnos insinuación alguna capaz de herir a las personas. A lo mejor una persona nunca ha oído hablar del cristianismo, de manera que no sabemos qué camino ha escogido Dios para mostrarse a esa alma y cómo El la está moldeando. Por eso mismo, ¿quiénes somos nosotros para condenar a nadie?

No debemos tomar equivocadamente estas palabras. La Madre Teresa se refiere a los cristianos porque forma parte de la Iglesia y, lógicamente, su primer pensamiento es para ella. Pero no pierde de vista, y nosotros tampoco deberíamos hacerlo, que los cristianos no estamos solos en el mundo. Al hablar en esos términos, se dirige a la humanidad sin distinción de credos:

No es necesario ser cristianos para perdonar. Todo ser humano procede de Dios. Todos sabemos qué es para nosotros el amor de Dios. Cualesquiera sean nuestras creencias, si queremos amar de verdad, hemos de aprender a perdonar.

A continuación la Madre Teresa nos recuerda que el perdón es también caridad, y que su ausencia es la causa del odio. El odio es lo opuesto a Dios, que es todo amor, y mientras estemos contaminados con el odio, es imposible lograr una verdadera unión con el Señor:

Dios es la pureza misma. Nada impuro puede

presentarse ante El, pero no creo que Dios pueda odiar, porque Dios es amor, y Dios nos ama a pesar de nuestras miserias y de nuestros pecados. El es nuestro amantísimo Padre, de modo que sólo tenemos que volvernos a El. Dios no puede odiar. Dios nos ama porque El es amor, pero la falta de pureza se interpone como un obstáculo entre nosotros y no nos permite ver a Dios. Esto no vale sólo para los pecados de impureza, sino para cualquier cosa que nos aparte de Dios. Cualquier cosa que nos haga menos iguales a Cristo, cualquier odio que llevemos dentro, cualquier falta de caridad, también son "impureza". Si estamos llenos de pecado, Dios no puede habitar en nosotros, porque ni Dios puede llenar un espacio ocupado por otra cosa. Es por eso que necesitamos del perdón, para vaciarnos nuevamente, para que Dios nos pueda llenar con Su presencia.

6

LA COMPRENSION

No vivamos distraídos. Busquemos más bien en nuestra propia intimidad de manera que podamos ser capaces de comprender mejor a nuestros hermanos. Si queremos comprender mejor a aquellos en medio de los cuales nos corresponde vivir, tenemos antes que comprendernos a nosotros mismos.

Como en el dicho popular "la caridad bien entendida empieza por casa", lo mismo ocurre con la comprensión. ¿Cómo entender a los demás si no nos entendemos a nosotros mismos? Esto que puede parecer muy difícil no lo es en absoluto. Pongámonos realmente en el lugar del otro y pensemos: ¿cómo hubiera reaccionado yo frente a esto?, y si somos honestos con nosotros mismos veremos que el comportamiento de los demás no será tan extraño. En caso de que no tengamos las vivencias adecuadas, porque nunca estuvimos en una situación de ese tipo, concedámosle a nuestro prójimo el beneficio de la duda.

Sed generosos y comprensivos. Que nadie jamás venga a vosotros sin que pueda irse mejor y más feliz. Sed la viva expresión de la bondad de Dios: bondad en vuestro rostro, bondad en vuestros ojos, bondad en vuestra sonrisa, bondad en vuestro caluroso saludo.

Este pedido de la Madre Teresa puede parecer muy loable pero a la vez imposible. ¿Lo es realmente? ¿Lo hemos intentado? Y aun cuando no logremos lo que la Madre Teresa nos pide, ¡cuánto mejor sería el mundo si tan sólo lo intentáramos...!

La Madre Teresa ha dirigido unas palabras en particular para las mujeres, quienes a través de la maternidad tienen mayor capacidad de comprensión. Esta capacidad, si bien es un don del Señor, también es una obligación, porque El exige más de quien más tiene.

Las mujeres tenemos dentro esa cosa tan grandiosa que es comprender el amor. Lo veo con emoción en nuestra gente, en nuestras mujeres pobres que cada día de su vida se encuentran con el dolor, y aceptan ese dolor por el bien de sus hijos. He visto a padres y madres privarse de tantas y tantas cosas, e incluso mendigar, sólo para que a sus hijos no les faltara lo indispensable. He visto a una madre abrazando y acariciando a su niño tullido, a su hijo. Tenía un profundo y comprensivo amor por el sufrimiento de ese hijo...

Por último, la Madre Teresa nos recuerda que para poder hacer algo con la pobreza debemos comprenderla, y nos aconseja, para lograrlo:

Conocer intelectualmente el problema de la pobreza en el mundo no significa comprenderla. Caminando por los barrios carenciados, sorprendiéndonos o lamentándonos por lo que vemos, no vamos a comprender la pobreza ni a aprender sus aspectos positivos y negativos. Tenemos que meternos en esa pobreza, vivirla, compartirla.

7
LA LIMOSNA

En más de una ocasión, desde sectores "comprometidos" o "progresistas", se ha criticado a la Madre Teresa por dar limosna. Se la acusaba por aquello de que a los pobres es mejor enseñarles a pescar que darles el pescado.

Seguramente hemos oído argumentos semejantes muchas veces: que no es bueno darle a los niños de la calle, porque el dinero va a parar a los padres, que los explotan. Que lo que uno pueda darles no les soluciona la vida, etc.

En todo esto hay mucha verdad, es indudable; pero cuando se le planteó a la Madre Teresa, su realismo fue impactante.

Para su porvenir, la India necesita técnicos, sabios, economistas, médicos y enfermeras. Necesita planes y una acción general mancomunada y bien organizada.

Pero, ¿cuándo tendrán efecto estos planes? No

lo sabemos. Mientras tanto, la gente tiene que vivir. Hay que alimentarla, curarla y vestirla. Nuestra acción es el presente de la India. Mientras dure este presente, necesitamos ayudar, y la caridad conserva todo su valor.

Una vez más la Madre Teresa nos enseña que hay una tarea para cada uno de nosotros, que cada quien debe hacer lo que esté a su alcance. Lo reafirma cuando nos advierte que no debemos conformarnos con la idea tradicional de limosna.

La Madre Teresa nos exige que tengamos siempre presente que aquel a quien ayudamos es un ser humano, un hermano. No sirve de nada la limosna dada con mala cara, o aquella que se da para sacarse de encima al que pide. Incluso a veces ayudará más una palabra o un gesto de afecto que la moneda que podamos dar.

... Un caballero hindú dijo que ellos y nosotros hacemos asistencia social pero que la diferencia entre ellos y nosotros está en que ellos lo hacen por algo, y nosotros lo hacemos por alguien. Es, en ese aspecto, en el que se hace evidente el amor y la devoción. Todo lo que hacemos lo hacemos a Dios, a Cristo, y es por eso que tratamos de que nuestra obra resulte lo más bella posible.

8
EL TRABAJO

*T*rabajar sin amor es una esclavitud.

Esta verdad es tan evidente que muchas veces la olvidamos. Es cierto que en los tiempos que corren no es posible elegir el trabajo y que muchos deben trabajar en cosas que no les gustan. Pero aun así se puede poner amor en nuestra tarea diaria:

No debemos apartarnos de las tareas humildes porque son trabajos que nadie quiere hacer. Nada es demasiado insignificante. Somos tan pequeños que miramos todo desde una óptica de pequeñez. Pero el Señor, siendo todopoderoso, ve hasta lo más pequeño como grande. Por lo tanto, aun si sólo escribes una carta a un hombre ciego que no lo puede hacer por sus propios medios, o si simplemente te sientas junto a él y lo escuchas, o llevas una carta al correo para otro, o regalas un ramille-te de flores a alguien todas estas son pequeñeces o lavas la ropa para alguien o le limpias la casa, para El no serán pequeñeces.

Tú y yo debemos dedicarnos a las tareas más humildes. Hay mucha gente que puede hacer grandes cosas. Pero son muy pocos los que están dispuestos a dedicar su vida a estas pequeñeces.

Si, por el contrario, nuestro trabajo es de los que la sociedad estima "importantes", no debemos caer en la tentación de la soberbia. Siempre que miramos hacia el Señor, las cosas toman su verdadera dimensión; esto es evidente cuando consideramos el pensamiento de la Madre Teresa:

Nunca tenemos que considerarnos indispensables. Dios tiene sus caminos y sus medios. El puede permitir que, aun en las manos de la más capaz y talentosa de nuestras Hermanas, las cosas se confundan y se compliquen. Dios sólo mira su amor. Ella puede trabajar hasta el agotamiento, incluso matarse trabajando, pero si su trabajo no está entrelazado con amor, de nada sirve. Dios no necesita su trabajo. Dios no preguntará a esa Hermana cuántos libros ha leído, cuántos milagros ha obrado, sino cuánto ha dado de ella misma por amor a El.

[...] No debemos realizar nuestro trabajo con orgullo ni con vanidad. Nuestra obra debe ser obra de Dios. Los pobres son pobres de Dios. Poneos de lleno bajo el influjo de Jesús de tal manera que El pueda pensar sus propios pensamientos en vuestras mentes, llevar a cabo su obra por medio de vuestras manos. Lo podréis todo con aquel que es vuestra fuerza.

La alegría es muy importante; sin alegría el amor se marchita y, como hemos visto ya, sin amor nuestro empeño de nada sirve. De ahí la siguiente cita que la Madre Teresa hace suya: "Busco a un hombre que cante mientras trabaje. Hará más, lo hará mejor, trabajará más tiempo. Carly"

La oración es una herramienta muy útil para reconciliarnos con nuestro trabajo:

Deben dedicar por lo menos media hora por la mañana y media hora por la noche a sus oraciones. Pueden rezar mientras trabajan. El trabajo no impide rezar, y rezar no impide trabajar. Basta elevar brevemente nuestra mente hacia El: 'Te amo, Dios mío, confío en Ti, creo en Ti, y te necesito ahora, en este momento. Oraciones breves, pequeñas, pero que obran milagros.

[...] No importa lo que hagamos o dónde estemos, siempre y cuando recordemos que Le pertenecemos totalmente, que Lo amamos infinitamente. Esto vale para todos nosotros. No importa si trabajamos para los ricos o para los pobres, para gente encumbrada o gente humilde. Lo que importa es cuánto amor ponemos en el trabajo que realizamos.

No hay que olvidar que sea lo que fuere que hagamos, es para alguien, y a través de ese alguien es para el Señor:

Nuestra labor no es más que la expresión del amor que tenemos a Dios. Tenemos que revertir este amor sobre alguien. Las personas constituyen el medio de expresión de nuestro amor por Dios.

Cada tarea que emprendemos, si es hecha con amor, es un granito de arena para crear un mundo mejor. Nunca debemos pensar que lo que hacemos es poco.

9

LA HUMANIDAD

Debe sorprendernos a todos nosotros que en uno u otro momento nos hemos sentido el centro del universo que un Premio Nobel diga algo como lo que sigue:

Cada uno de nosotros no es más que un simple instrumento de Dios. Llevamos a término nuestra humilde tarea, y desaparecemos.

Sin embargo, es completamente natural en la Madre Teresa, que recibió el premio diciendo que con él se honraba a los pobres y al Señor. En otra persona podría ser tomada como una frase dicha por compromiso, pero la Madre Teresa respaldó esta y otras frases con toda una vida de entrega y sacrificios.

Lo que podemos sacar en limpio de la humilde actitud de la Madre Teresa es que eso fue, justamente, lo que le posibilitó ser una personalidad de nuestros tiempos. Esto es así porque la humildad de la Madre Teresa es muy profunda y tiene que ver con el sentido que le damos a nuestra vida.

Siempre que aceptemos que sólo somos instrumentos de la voluntad divina, nuestra vida se simplificará. Porque en la medida en que entreguemos nuestro mejor esfuerzo en la tarea, habremos cumplido, y el Señor quitará el peso de la responsabilidad de nuestros hombros.

Cuando flaqueemos en nuestra humildad, tomemos la guía de la Virgen María, cuyo ejemplo nos lo ofrece la Madre Teresa:

¡Cuánto podemos aprender de Nuestra Señora! Fue tan humilde porque se había entregado íntegramente a Dios. Se hallaba plena de gracia, y hacía uso del inmenso poder que disponía: la gracia del Señor.

Uno de los actos más hermosos de Nuestra Señora fue cuando, tan pronto Jesús llegó a su vida, corrió en busca de su prima Isabel para compartir a Jesús con ella y con el hijo que ésta llevaba en su vientre. Y leemos en el Evangelio que el niño "saltaba de alegría en el vientre de su madre Isabel, al primer contacto con Cristo". Nuestra Señora era como un maravilloso cable conductor. Permitió a Dios llenarla por completo y, a través de su sumisión total: "Hágase en mí según tu palabra, quedó repleta de la gracia del Señor, gracia que se apresuró a transmitir a Juan".

Así que pidámosle ahora al Señor que nos utilice para recorrer el mundo, y en especial nuestra propia comunidad, para seguir conectando los cables de los corazones humanos a la energía que nos brinda Jesús.

No nos resultará difícil ser humildes si somos sinceros con nosotros mismos. Miremos con total honestidad nuestra vida y comprobaremos por nosotros mismos la gran verdad que se oculta en la siguiente reflexión de la Madre Teresa:

La humildad no es sino la verdad. "¿Qué poseemos que no hayamos recibido de otro?î" pregunta San Pablo. Y si todo cuanto tengo lo he recibido, ¿qué bienes propios puedo poseer? Si estamos convencidos de esto, nunca levantaremos la cabeza con arrogancia. Si somos humildes, nada nos afectará, ni las lisonjas ni el descrédito, porque sabemos lo que somos. Si nos acusan, no sentiremos desaliento. Y si nos califican de santos, nunca nos colocaremos en un pedestal.

Porque en definitiva nuestra elección es sólo entre dos términos opuestos: hacer la voluntad de Dios u obrar mal. Siempre que obremos a conciencia, haremos su voluntad y no debemos temer a equivocarnos. Debemos entregar nuestro mejor esfuerzo y ponernos en manos del Señor:

Es Dios quien obra el bien, no yo. Por eso, no tengo miedo. Si la obra fuese mía, moriría conmigo. Como es de Dios, me sobrevivirá a mí y hará mucho bien.

[...] Un colaborador es un instrumento en manos de Dios, quien debe poder disponer de él sin consulta previa.

10
EL NACIONALISMO

E n realidad, no hay gran diferencia entre un país y otro, porque en todos los
países siempre vamos a encontrar gen-
te. Pueden tener diferencias físicas o vestir de formas distintas, quizá tengan otra educación u otra
posición económica; pero en realidad, son todos
iguales. Todos ellos pueden amar y necesitan ser
amados; todos ellos están hambrientos de amor.

Una vez más, la verdad de las palabras de la
Madre Teresa parece, por su sencillez y profundidad, obvia; sin embargo, ¡cuán fácilmente olvidamos! ¡Con qué facilidad a veces nos engañamos hasta el punto de creer que una línea trazada en un ma-
pa puede hacer más o menos humanos a nuestros
semejantes!

Como nos recuerda incansablemente la Madre
Teresa:

La gente que uno ve en las calles de la India o de Hong Kong tiene el cuerpo hambriento, pero la gente en Londres o Nueva York también padece un hambre que necesita ser satisfecha. Toda persona necesita ser amada.

Todos somos, en definitiva, criaturas de Nuestro Señor y, como tales, tenemos los mismos derechos y las mismas obligaciones. Entre estas últimas se cuenta el reconocer a los demás y considerarlos nuestros iguales. Cuando olvidamos estas verdades básicas, ocurre lo que la Madre Teresa nos describe desde su tan rica experiencia:

Hoy día las naciones están demasiado ocupadas en la defensa de sus fronteras, en lo que ocupan fuerzas y dinero. Saben muy poco de la pobreza y el sufrimiento que existen en los países donde viven los pobres marginados. Si quisiesen defender a estas personas indefensas con alimentos, vivienda y ropas, creo que el mundo ganaría mucho en felicidad.

11
LA SONRRISA

*C*uando nos encontremos con el prójimo, *hagámoslo con una sonrisa... porque una sonrisa es el comienzo del amor.*

Aunque no lo parezca, quizá sea ésta la enseñanza más importante que nos deja la Madre Teresa. Como todo lo que es evidente, muchas veces lo pasamos por alto. Pero es en la sonrisa franca y espontánea donde empieza todo lo bueno que hay en la vida. Toda relación que no empiece con una sonrisa tendrá menos posibilidades de prosperar. Y cualquier tarea que emprendamos dependerá en gran medida de las relaciones que establezcamos con quienes nos rodean.

Esto es válido tanto para nuestra vida laboral como para la familiar. Ya que nuestra propia felicidad dependerá a su vez de que lo que emprendamos llegue a buen puerto, vemos que mucho depende de aquella sonrisa original.

Si estas reflexiones no alcanzaran para convencernos, tenemos el ejemplo de la Madre Teresa, a quien su sonrisa le permitió edificar una obra descomunal alabada en todo el mundo. Al decir de los que la conocieron, el rasgo más característica sobresaliente de la Madre Teresa era justamente su sonrisa.

12
EL AFECTO

No resulta extraño que nuestra sociedad tenga tantos problemas si vemos la frialdad y la indiferencia con que nos tratamos unos a otros. Sobre todo si tomamos en cuenta que el nuestro es un país mayormente cristiano y el cristianismo está basado en el amor y el afecto.

Hoy día vemos muchos y muy graves problemas: el desempleo, la droga, la pobreza, y no advertimos que todos ellos se originan en el mismo problema básico: la indiferencia.

La Madre Teresa, en cambio, conocía bien la causa de nuestros problemas:

Cada vez estoy más convencida de que la carencia de afecto es la peor de las enfermedades que puede soportar el ser humano. Se han inventado medicinas para curar la lepra y la tuberculosis. Pero, a menos que haya manos dispuestas a servir y corazones disponibles para el amor, la enfermedad de no ser queridos resultaría incurable.

Pero la Madre Teresa era una persona muy práctica; por eso no se conforma con señalarnos el problema, sino que nos muestra su solución:

Tenemos que ir en busca de la gente. Puede ser gente que viva lejos o cerca. Pobres materiales o pobres espirituales. Pueden tener hambre de pan o hambre de amistad. Pueden estar desnudos de ropas o del deseo de conocer las riquezas del amor que Dios les tiene. Pueden carecer de un hogar o cobijo de ladrillos, o quizá de un refugio hecho de amor en nuestros corazones.

La indiferencia y la soledad no son males que ocurran sólo en nuestro país: se han extendido por todo el mundo. Y su solución es sencilla, ya que se consigue si cada uno aporta su pequeño granito de arena. Esto es evidente en la siguiente anécdota que nos cuenta la Madre Teresa:

Un día, caminando por las calles de Londres, vi a un hombre borracho. Su aspecto era tan triste y miserable, que me dirigí hacia él, le tomé la mano y se la estreché, preguntándole "¿Cómo está usted?". Nunca tengo las manos frías. El hombre levantó la vista y exclamó: "¡Oh, hace tanto tiempo que no siento el calor de una mano fraterna!". Su rostro pareció iluminarse y cambiar de aspecto. Por eso digo que pequeñas cosas, hechas con gran amor, pueden llevar paz y alegría al desvalido.

Parece mentira que un solo gesto haga tanto. Pero si lo pensamos un poco, ¿cuántos jóvenes caerían en la adicción a las drogas si no se sintieran solos? ¿Cuántos se sentirían miserables de saberse apreciados por la gente a su alrededor?

13
LA FAMILIA

Todo el tiempo escuchamos que la familia es la base de la sociedad. Tal vez por eso no nos damos cuenta que están hablando de nosotros. ¿Qué es la familia? En ocasiones, es como si cada uno tuviera su propia definición. Veamos qué dice la Madre Teresa sobre esto:

En las Santas Escrituras leemos sobre la familia. El esposo y su mujer se unen el uno al otro, para convertirse en una sola unidad. Se "unen". Es ésta una palabra muy bella, que toda familia debe conocer y sentir profundamente: "Nada ni nadie puede separarnos". San Pablo solía decir: "Nada, nadie, ni las persecuciones, ni esto, ni aquello" (aquí enumeraba toda una serie de condiciones), pero nosotros sólo diremos: nada ni nadie puede apartarnos del amor de Cristo. Constituimos una sola familia, una sola. Con un amor indiviso por

Cristo. Un solo corazón en el corazón de Dios.

Como puede apreciarse, para la Madre Teresa la familia es *unión*. En otros términos, de la falta de unión entre la gente provienen la mayoría de los males de nuestro tiempo:

Hay muchos problemas en el mundo de hoy, y pienso que gran parte de ellos tienen su punto de partida en el seno del hogar. El mundo entero sufre tanto porque no hay paz. Y no hay paz en el mundo, porque ya no hay paz en la familia, y existen miles y miles de hogares deshechos. Tenemos que convertir a nuestros hogares en centros de compasión y perdón infinito, y así ayudar a que vuelva a reinar la paz.

¿Por qué cree la Madre Teresa que la falta de unión en los hogares causa casi todos los problemas del mundo de hoy? Recordemos que más arriba decíamos que si bien cada quien tiene su propia definición de la familia, todos estamos de acuerdo en que es la base de la sociedad. Pensemos entonces a la sociedad usando la metáfora del árbol: si la raíz (la familia) está enferma o es cortada, el árbol sufrirá, y hasta la última hoja mostrará las consecuencias. La Madre Teresa nos lo explica así:

¿A dónde se propaga el amor? Comienza por casa. Es por eso que soy muy estricta con mis colaboradores. Siempre les repito: "primero la familia. Es el lugar del encuentro para el amor. Si tinés que lavar los pañales del bebé, si tenés que preparar la cena para tu marido... eso es lo primero y principal. Atiende tu hogar, que es el lugar adonde todos acudirán en busca del amor... Porque si no te dedicas a tu hogar, donde hay amor mutuo... ¿Cómo quie-

res que crezca tu amor hacia el prójimo?"

Este tema era tan importante para la Madre Teresa que, además de las múltiples alusiones a él en forma verbal, nos ofreció el ejemplo de su propia vida:

De niña aprendí a trabajar, y a trabajar duro. Y creo que la idea de ayudar al prójimo nació de mi propia gente, de mi propia familia. Mi madre era devota de Jesús, y ella nos enseñó a rezar.

Tal vez debamos decir que cada familia es un mundo y que los problemas que aparecen en ellas son infinitos. Esto puede ser cierto, pero el remedio que nos sugiere la Madre Teresa es universal y sirve para todos ellos:

Enseñemos a nuestros hijos a rezar, y recemos con ellos. Jesús se convirtió en el Pan de la Vida para darnos Su vida, para que seamos como El.

Seamos como Jesús, llenos de compasión, llenos de humildad el uno para con el otro. Porque amando a nuestro prójimo, lo amamos a El. ¿Cómo se demuestra este amor? No a través de grandes cosas, sino de cosas pequeñas hechas con un gran amor. Cuando "la Pequeña Florcita", la dulce Teresa del Niño Jesús, fue canonizada, el Santo Padre dijo: "Realizó cosas comunes, pero con un amor nada común".

Muchas veces el bosque no nos deja ver el árbol. Tratar de arreglar los problemas del mundo empezando por los más espectaculares puede ser muy atractivo pero no muy práctico. Intentar solucionar los grandes males lejanos antes que los pequeños y cercanos es como arreglar el techo de una casa y dejar flojos los cimientos. La Madre Teresa lo expone por medio de un ejemplo muy concreto y actual:

Nuestras Hermanas trabajan en todo el mundo, y han visto todos los problemas, todas las miserias, todo el sufrimiento. ¿De dónde proviene tanto sufrimiento? Proviene de la falta de amor y de la falta de oración. La unión familiar, el rezar juntos, el reunirse y el permanecer juntos, se ha ido perdiendo. El amor comienza en nuestro hogar, y encontraremos a los pobres en nuestra propia casa.

Tenemos una casa en Londres. Nuestras Hermanas allí suelen trabajar de noche, saliendo para recoger a los pobres en las calles. Una noche, muy tarde, encontraron a un joven tirado en la calle, y le dijeron: "No deberías estar aquí sino con tus padres"; y él les respondió: "Cuando voy a casa, mi madre no me quiere recibir porque tengo el pelo largo; cada vez que voy a casa, ella me echa". Las Hermanas siguieron su camino, y cuando volvieron, el joven había tomado una sobredosis de droga, y lo tuvieron que llevar al hospital. Sin quererlo, pensé que, quizá, su madre estaba ocupada ayudando a paliar el hambre de nuestra gente en la India, y no veía a su propio hijo, hambriento de ella, de su amor, del cuidado que ella le negaba.

Es fácil amar a los que están lejos. Pero no siempre es fácil dar una taza de arroz para paliar el hambre, para paliar la soledad y el dolor de alguien que se siente rechazado y carente de amor en la propia casa. Llevemos el amor a nuestro hogar, porque es allí donde debe comenzar nuestro amor al prójimo.

Otra de las dificultades comunes en esta época es la falta de tiempo. Muchas veces somos conscientes de cosas que necesitan nuestra atención, pero no tenemos el tiempo necesario para ellas. Debemos hacernos ese tiempo, y en algunos casos replantearnos nuestras prioridades. Por ejemplo, ¿le sirve a mi familia pasar las vacaciones en algún lugar lindo si eso implica no tener tiempo para charlar con mis hijos? La Madre Teresa nos llama la atención sobre esto con sus propios recuerdos familiares. Recordemos que su familia también pasó penurias.

Nunca olvidaré a mi propia madre. Solía estar muy ocupada durante todo el día, pero cuando caía la tarde se daba mucha prisa para estar libre y arreglada para recibir a mi padre. En aquel entonces, nosotros, los niños, no comprendíamos. Solíamos sonreír ante su afán, o reírnos de ella y hacerle bromas. Pero ahora, de adulta, recuerdo con emoción ese tierno amor que sentía mi madre por mi padre. Sucediese lo que sucediere, ella estaba allí, con una sonrisa, para recibirlo.

Hoy pareciera que no hay tiempo para estas cosas. El padre y la madre están demasiado ocupados. Los hijos llegan a casa y no hay nadie que los reciba con amor, con una sonrisa.

Tengamos siempre presente que por más que nos bombardeen con publicidad, "no sólo de pan vive el hombre". A veces vale más una palabra o un gesto que una marca comercial.

Quizá nuestros hijos, nuestro esposo, nuestra esposa, no pasen hambre, no estén desnudos ni carezcan de hogar. Pero, ¿estamos seguros de que en nuestra familia no hay nadie que se sienta rechazado, indeseado, que sienta que no es querido? Miremos detenidamente a nuestra familia. Porque el amor comienza por casa.

14
EL RESPETO

Dado que nuestra religión está basada en el amor y la comprensión, no debería ser difícil para los cristianos respetar a los demás. Sin embargo, en todos lados vemos intolerancia y divisiones.

Esto es así porque olvidamos una de las más importantes enseñanzas de Jesús: "amaos los unos a los otros". Como vemos, no planteó condición alguna, no aludió a blancos o negros, altos o bajos. Por el contrario, nos dijo que somos todos hijos de su padre.

Por otra parte, ¿qué hay de las diferencias que creamos nosotros, los hombres? Entre ellas la más común es la política. Al respecto, ha dicho la Madre Teresa:

El año pasado fui invitada a la China, y una de las personas que participaba en la conferencia me preguntó: "¿Y para usted, qué es un comunista?". Yo contesté: "Un hijo de Dios, mi hermano, mi her-

mana". Y nadie tuvo nada que decir. Nadie. Silencio absoluto. Al día siguiente en todos los diarios comunistas apareció la noticia: "Un comunista es un hijo de Dios, mi hermano, mi hermana, dice la Madre Teresa. "Y no mentí. Lo que dije es cierto, porque la misma mano amante nos creó a todos, a ti, a mí, al hombre de la calle. Y nuestro amor debe manifestarse con todos.

Todo esto es aplicable a aquellos que comparten nuestra fe. ¿Debemos aplicarlo también a los que tienen otras creencias? La Madre Teresa es muy clara al respecto cuando dice:

No tenemos dificultad al tener que trabajar en países con diferentes credos, como la India. Tratamos a toda la gente como hijos de Dios. Son nuestros hermanos y nuestras hermanas. Les demostramos un profundo respeto...

Nuestra tarea es alentar a los cristianos y a los no cristianos para que realicen obras de amor. Y cada obra de amor, realizada con todo el corazón, siempre acerca a la gente a Dios.

Si pueden aceptar a Dios en sus vidas, todos son compañeros. De lo contrario, es la respuesta que ellos han elegido.

Para ella, como debería ser para nosotros, lo importante es que la gente crea en Dios, no importa cómo lo llame. No nos tomemos la libertad de juzgar a nuestros hermanos, eso corresponde al Creador.

15

EL CONFORT

La Madre Teresa no estaba en contra del progreso, pero se oponía a toda modernidad en sus conventos, tales como la televisión, el lavarropas, etc. Tomaba esta postura por dos razones. La primera era que ella y sus monjas se habían comprometido con los pobres y debían vivir como ellos. La otra razón, aplicable más allá de su orden, la explica la Madre Teresa de este modo:

Aquí en América... es fácil sentirse ahogado por objetos, por bienes superfluos. Y una vez que uno los tiene, les tiene que dedicar cuidado y tiempo. Lo cual no quita tiempo para el prójimo, tiempo para los pobres. Debemos dar gratuitamente a los pobres lo que los ricos adquieren con su dinero.

Y si se nos escapa el significado de estas palabras, pensemos cuánto tiempo pasamos frente al televisor o frente a la computadora. Probablemente, más que el que pasamos comunicándonos con nuestro prójimo y preocupándonos por sus problemas.

16
LA CONVERSION

El ecumenismo es un movimiento que nace en la Iglesia después del Concilio Vaticano II. Este movimiento acepta y trata de unir todos los credos. En el fondo, todas las grandes religiones, el cristianismo con todas sus divisiones, el judaísmo, el islamismo, predican las mismas cosas. Que hay un ser supremo, que los hombres somos iguales, que nos espera un juicio final. La Madre Teresa era la encarnación misma del ecumenismo, y un ejemplo para tomar, como lo prueban las siguientes líneas:

Algunos lo llaman Ishwar, otros lo llaman Alá, otros simplemente Dios, pero todos tenemos que reconocer que es El quien nos ha creado para cosas más grandes: para amar y para ser amados. Lo que importa es que lo amamos. No podemos amar sin oración, de modo que, sea cual fuere la religión que profesemos, tenemos que orar todos juntos.

La Madre Teresa y sus Hermanas de la Caridad son misioneras, pero no intentan agrandar formalmente la Iglesia. No están interesadas en bautizar a grandes grupos de personas. Su meta es otra, como nos explica la propia Madre Teresa:

Espero con toda mi alma estar viviendo un proceso de conversión. No me refiero a lo que usted quizá piense. Espero convertir corazones. Ni siquiera Dios todopoderoso puede convertir a quien no desea realmente, fervientemente, su conversión. Lo que intentamos todos nosotros a través de nuestro trabajo, a través del servicio al prójimo, es acercarnos más a Dios. Si cuando nos encontramos con El frente a frente, lo aceptamos plenamente en nuestra vida, nos estamos convirtiendo. Seremos un hindú mejor, un musulmán mejor, un católico mejor; es decir seremos mejores, sea cual fuere la religión que profesemos.

Al ser mejores personas, nos iremos acercando más y más a El. Y si llegamos a incorporarlo plenamente a nuestras vidas, con una aceptación total, entonces, recién entonces, podremos hablar de conversión.

¿Qué enfoque, qué filosofía usaremos para alcanzar esta conversión? Yo, por supuesto, lo haré a partir del catolicismo, usted quizá lo haga a partir de la religión hindú, otro a partir del budismo, cada uno según los dictados de la propia conciencia. Y cada uno tendrá que aceptar a Dios tal como él mismo lo vive en su mente y en su corazón. Lo cual no me impedirá a mí tratar, una y otra vez, de transmitir lo que yo llevo en mi corazón.

Una vez más, la Madre Teresa nos repite que lo importante no es lo exterior, sino lo que pase en nuestro interior. Al mismo tiempo nos da la esperanza, asegurándonos que en algún momento de nuestras vidas tendremos la oportunidad de recibir el don de la fe:

Lo que importa para cada individuo es a qué Iglesia pertenece, qué fe profesa. Porque si piensa y cree que éste es el único camino que lo conducirá a Dios, Dios utilizará este camino para llegar a su vida. Si no conoce otro camino y no tiene dudas que lo orienten hacia otra búsqueda, ése será el camino que lo llevará a la salvación eterna, y el camino por el cual Dios se le acercará para salvarlo. Pero, si llega a tener la gracia y el deseo de conocer y saber más sobre Dios, sobre la fe, sobre la religión, tiene la obligación de buscar hasta encontrar a Dios; de lo contrario, perderá su camino. Dios da a cada alma que ha creado la posibilidad de hallarlo, de encontrarse con El cara a cara, de aceptarlo o rechazarlo.

17
LA RIQUEZA

Si conocemos a la Madre Teresa sólo de oídas, probablemente tengamos una idea equivocada sobre su pensamiento acerca de la riqueza. En este aspecto, la Madre Teresa nos da otra lección de sentido común. Para ella la riqueza no es ni buena ni mala, depende del uso que se haga de ella.

Por eso, además de insistir en que es más fácil, espiritualmente, ser pobre que rico, primero nos advierte sobre los riesgos de la riqueza:

Las riquezas, tanto materiales como espirituales, pueden sofocar si no son utilizadas en la forma correcta... Permanezcan tan vacíos como les sea posible, para que Dios pueda llenarlos. Ni siquiera Dios puede poner algo en un espacio ocupado por otra cosa. El no se nos impone a nosotros. Somos nosotros quienes tenemos que llenar el mundo del amor que Dios nos ha dado.

Luego la Madre Teresa nos explicó que la maldad no está en la riqueza, sino en la avaricia. Para ella la riqueza no es un derecho, sino una obligación, porque nos es dada para compartirla:

No es un pecado ser rico, siempre que haya una razón por la cual algunas personas puedan darse el lujo de vivir bien. Siempre que sea el producto de su trabajo. Pero el riesgo que se corre es que la riqueza provoque avaricia, pues la avaricia alberga el pecado. Toda riqueza es un don de Dios, y es nuestra obligación compartirla con los menos favorecidos.

¿Quiénes somos nosotros para juzgar a los ricos? Nuestro deber es unir a los ricos y a los pobres, constituirnos en su punto de contacto.

Por último, nos deja una reflexión muy útil en estas épocas. Donde tanta gente de buen pasar se preocupa por la ecología y los animales, olvidando a veces el hecho de que existe gente pobre:

No permitan que el dinero les preocupe tanto como para olvidar que nosotros y nuestra gente somos más importantes ante Dios que los lirios del campo y las aves del cielo. Por lo tanto, procuren entender más y mejor que los que han elegido esa forma de vida la forma de vida de Jesús serán llevados al perfecto amor de Dios y de su prójimo. Eso es santidad. Porque santidad no es el lujo al alcance de unos pocos, sino simplemente una obligación para cada uno de nosotros.

18
LA JUVENTUD

*L*os jóvenes son los artífices del mañana. *La juventud de hoy en día está en busca del altruismo y, cuando lo encuentra, abraza su causa con entusiasmo. No es posible comprometerse con un apostolado sin pasar a través de la oración profunda, sin olvidarse conscientemente de uno mismo y someterse por completo a la voluntad de Dios. Nuestra actividad sólo será realmente apostólica en la medida en que permitamos que Cristo trabaje en nosotros y a través de nosotros, con todo Su poder, con todo Su deseo y con todo Su amor.*

Como resulta evidente, la Madre Teresa tenía puestas grandes esperanzas en la juventud actual. Una vez más vemos que la mayor enseñanza de la Madre Teresa era dada a través de su ejemplo. Lo demuestran las palabras de uno de sus más cercanos colaboradores, el hermano Andrew

Una de las cosas grandes que la Madre Teresa ha hecho surgir en la Iglesia son algunas personas maravillosas que han establecido comunidades y grupos que ofrecen a los jóvenes una forma diferente de vida. Hay muchos jóvenes que rechazan los falsos valores de nuestra sociedad consumista, materializada y ambiciosa de poder. Esta sociedad pone un énfasis excesivo en la eficacia y el éxito. Los jóvenes van en busca de algo más auténtico, hermoso y válido. Por eso sigue habiendo vocaciones. Los jóvenes de hoy rechazan con igual fuerza dos cosas: verse alineados como cabras, o que se les imponga desde fuera unas estructuras artificiales que los coarten y paralicen.

La Madre Teresa comprendía muy bien que muchas de las fallas de los jóvenes no son responsabilidad de ellos, sino que se originan en las relaciones familiares, en los hogares. A continuación nos lo explica y nos suplica que le pongamos remedio:

Muchos de los sufrimientos de los jóvenes son atribuibles a la familia, y particularmente a las madres. Las madres deben hacer de su hogar un centro de amor. A veces el rol que deben desempeñar es duro, pero el ejemplo de la Virgen María nos enseña a ser buenos con nuestros hijos. Nosotros, los Misioneros de la Caridad, también tenemos que ser madres y convertir a nuestras comunidades en hogares felices.

También tenía en claro que la solución para los problemas que enfrentamos hoy en día debe venir de los jóvenes. Por eso les pide que los enfrenten teniendo la imagen de Cristo siempre presente:

El trabajo que la Iglesia nos ha encomendado es traducir nuestro amor por Jesús en acción, y ésa es una muy especial misión de los jóvenes de hoy. Algunos están estudiando, otros trabajando, otros se están preparando para el futuro, pero todos lo deben hacer con la convicción de que lo más importante es su inmenso amor por Cristo. Con El y a través de El, podrán hacer grandes cosas.

Justamente, porque era consciente de que los jóvenes son el futuro y la esperanza de la humanidad, es que nos hace a todos el siguiente pedido:

Por una cosa ruego siempre: por los jóvenes. Es hermoso ver a un joven que ama a una joven, y viceversa; pero asegúrense de que el día que se casen, tengan un corazón puro; que sea un corazón virgen, lleno de amor. Ayudemos a nuestros jóvenes a través de nuestras oraciones para que se conserven puros de cuerpo y alma.

Lo que vemos a veces por las calles no es amor... es pasión. Roguemos a Nuestra Señora que conceda a los jóvenes su corazón tan puro, tan inmaculado. Ese corazón tan virginal, tan lleno de humildad, para que todos aprendan a amar a Jesús como ella lo amó, con un corazón puro, lleno de amor y compasión. Rogaré por todos ustedes para que crezcan en el amor de Dios, amándose los unos a los otros como Dios ama a cada uno de ustedes.

Con este pedido, la Madre Teresa nos recuerda algo que muchas veces olvidamos. Siendo los jóvenes el futuro y nuestra esperanza de un mundo mejor, debemos hacer lo posible para facilitarles el camino. Muchas veces ocurre lo contrario, y ellos deben enfrentar nuestra incomprensión y nuestra censura. Debemos hacer el máximo esfuerzo para comprenderlos y aceptarlos, tal como nos lo reclama la Madre Teresa.

Recordemos siempre el mensaje de la Madre Teresa a la juventud, referido a uno de los temas que más le preocupaban: la vida familiar.

A todos los jóvenes les digo: ustedes son el futuro de la vida familiar. Ustedes son el futuro de la alegría de amar. Ustedes son el futuro y tienen la posibilidad de hacer de sus vidas algo hermoso a los ojos de Dios, una vida hecha de puro amor. Que amen a una chica, o que amen a un muchacho, es hermoso. Pero no lo arruinen, no lo destruyan. Mantengan la pureza, mantengan ese corazón, ese amor, virgen y puro, para que el día en que se casen puedan entregarse el uno al otro algo realmente bello: la alegría de un amor puro.

Pero, si llegaran a cometer un error, les pido que no destruyan al niño; ayúdense mutuamente a querer y a aceptar a ese niño que aún no ha nacido. No lo maten, porque un error no se borra con un crimen. Quizás hayan caído en el error de la pasión desenfrenada, pero la vida del fruto de ese amor pertenece a Dios, y ustedes los dos juntos tienen que protegerla, amarla y cuidarla. Porque ese niño ha sido creado a imagen y semejanza de Dios y es un regalo de Dios.

19
LA ALEGRIA

Cuando uno piensa en religión se le aparecen imágenes solemnes. La Madre Teresa nos recuerda que en su raíz el cristianismo es alegre. Para que lo tengamos presente nos da varios ejemplos:

Que la alegría de Cristo resucitado esté con ustedes. Para llevar la alegría a lo más profundo de nuestras almas, Dios se ha entregado a sí mismo. "Alegría", dijo el ángel en Belén. Durante su vida, él quiso compartir su alegría con sus apóstoles: "Que mi alegría esté con ustedes". Alegría fue la contraseña de los primeros cristianos. San Pablo lo repetía sin cesar: "Alegraos siempre en el Señor; de nuevo os digo: Alegraos" (Flp. 4:4). A cambio de la inmensa gracia del bautismo, el sacerdote le pide al recién bautizado: "Que sirvas a la Iglesia con alegría". Cuando se está al servicio de Dios y de las almas, la alegría no es cuestión de temperamento, de estado de ánimo. A veces es difícil de alcanzar... pero tanto más tenemos que procurar adquirirla y hacerla crecer en nuestros corazones

La alegría es la palanca capaz de mover el mundo. Junto con el amor son las mayores manifestaciones del poder Divino. Cualquier cosa que intentemos hacer sin ellas será mucho más difícil. La Madre Teresa nos dice:

La alegría es oración, la alegría es fuerza, la alegría es amor, la alegría es una red de amor con la que atrapar almas.

No debemos menospreciar la fuerza de la alegría ni su capacidad para cambiar el mundo que nos rodea. Como bien define la Madre Teresa, la alegría se contagia. Se traspasa de una persona a otra naturalmente y sin esfuerzo:

La alegría se escapa por los ojos; aparece cuando uno habla y camina. No la podemos encerrar dentro de nosotros. Actúa a nuestro alrededor. Cuando la gente encuentra en nuestra mirada una felicidad habitual, comprende que son los bienamados hijos de Dios. Tratemos de imaginar a una religiosa que va a los barrios más pobres y a las villas con cara triste y paso titubeante. ¿Qué podría dar su presencia a esa gente que visita? Sólo más tristeza y depresión.

La alegría es el verdadero espíritu cristiano, y debemos tomarla como un deber. Por supuesto que no es fácil estar alegres en medio de las dificultades, y a veces ni siquiera es posible.

Pero esa dificultad hará aún más valiosa nuestra alegría, y aumentará nuestra capacidad de dar y recibir. Al mismo tiempo, servirá de ejemplo para los que nos rodean, que se alegrarán al vernos enfrentar nuestras dificultades alegremente. Es éste un círculo virtuoso, pues esa misma alegría que produjimos con nuestro ejemplo nos hará más fácil el superar nuestros problemas. La Madre Teresa nos lo recomienda:

San Pablo dice: "Cada uno debe actuar como ha decidido, no con actitud reacia o compulsiva, sino espontáneamente, porque Dios ama a quienes dan con alegría. El que da con alegría da más". Si alguien tiene dificultades en el trabajo, y las acepta con alegría, con una amplia sonrisa, quienes lo rodean verán en ello una buena obra y alabarán al Padre. La mejor forma de mostrar nuestra gratitud a Dios y a la gente es aceptar todo con alegría. Un corazón alegre es la consecuencia lógica de un corazón ardiente de amor.

Tenemos que recuperar la capacidad generosa de alegrarnos por los demás. Todo se reduce en suma a esforzarse por iniciar el círculo, lo cual, como todo principio, es lo más difícil. Es aquí donde debemos ser generosos, recordando la máxima cristiana de darle al prójimo lo que deseamos para nosotros mismos. La Madre Teresa también nos habla de esto:

La alegría es señal de generosidad. Muchas veces es un manto que oculta una vida de sacrificio. Una persona que posee el don de la alegría a menudo alcanza prácticamente la cima de la perfección. Hagamos todo de nuestra parte para que los enfermos y los que sufren encuentren en nosotros verdaderos ángeles de consuelo. ¿Por qué ha sido bendecido por Dios en forma tan especial el trabajo en los barrios pobres? No por algún mérito personal de las Hermanas que lo realizan, si-

no por la alegría que ellas irradian...

La alegría es contagiosa; por lo tanto, tratemos de estar siempre pletóricos de alegría cuando vamos a visitar a los pobres.

Es sorprendente cómo, con sólo esforzarnos un poco, podemos cambiar la vida de la gente. Parece mentira que con tan poco se pueda lograr tanto; lo vemos en las palabras de la Madre Teresa:

Podemos a veces comprobar cómo vuelve la alegría a las vidas de los más desposeídos cuando se dan cuenta de que muchos de entre nosotros se preocupan por ellos y les demuestran su amor. Hasta la salud misma mejora si están enfermos.

La Madre Teresa nos alienta, cuando no logremos esa alegría tan necesaria, a tomar el ejemplo de la Virgen María:

Que nuestra Madre sea la Madre de cada uno de nosotros y, de esta forma, la fuente de nuestra Alegría. Y cada uno de nosotros sea Jesús para ella, y se convierta así en la causa de la alegría de su Madre. Nadie como María comprendió la lección de la Humanidad. Ella fue la sierva. Y ser la sierva significa estar a disposición de alguien, que nos utilizará según sus deseos, con plena confianza y alegría. El buen humor y la alegría fueron el fuerte de Nuestra Señora. Sólo la alegría pudo darle la fuerza de correr por los montes de Judea para servir a su prima. Crucemos corriendo los montes de las dificultades.

20
LA SOLEDAD

ay mucho sufrimiento en el mundo...
muchísimo. Los padecimientos mate-
riales son el hambre, la falta de hogar,
todo tipo de enfermedades. Pero sigo sosteniendo
que el mayor sufrimiento es la soledad, la falta de amor,
el no tener a nadie en el mundo. Cada día estoy segura
de que el peor mal que puede sufrir cualquier ser huma-
no es el sentirse rechazado, superfluo.

Cuando todos reconozcan que el vecino que sufre
es Dios mismo, y actúen consecuentemente, a partir de
ese día no habrá más pobreza y nosotros, los Misioneros
de la Caridad, ya no tendremos nada que hacer.

Cualquiera puede darse cuenta de la gran verdad que encierran estas palabras de la Madre Teresa. Todos hemos pasado momentos de soledad. Por
lo tanto, deberíamos comprender la angustia de la
gente que tiene que enfrentar su vida en esas con-

diciones. Miremos a nuestro alrededor, quizás haya un vecino, un compañero de trabajo, un familiar lejano, que se encuentren en esta situación. Tendámosle una mano; unos pocos minutos de nuestro tiempo pueden ser la diferencia entre la felicidad y la desesperación para esas personas.

Sin embargo, no hay que caer en el error de asociar la desesperación con las angustias materiales. Si nos ha tocado pasar épocas de estrecheces económicas, sabremos que con afecto y compañía las privaciones son más soportables. En cambio para la soledad, el dinero y los bienes no son en absoluto la solución.

21
LA IGLESIA

Estoy segura de que entenderíamos todo perEstoy segura de que entenderíamos todo perfectamente si sólo pudiéramos 'convertirnos en niños entregados a las manos de Dios. Tu nostalgia de Dios es tremendamente profunda y, sin embargo, El se mantiene alejado de ti. Tiene que obligarse a hacerlo, porque te ama tanto como para darte a su hijo, Jesús, para que muera por ti y por todos nosotros en la cruz. Cristo ansía ser aliento.

Rodeado de la plenitud del Alimento vivo te dejas morir de hambre. El amor de Cristo por ti es infinito. Las dificultades que puedas experimentar con respecto a la aceptación total de Su Iglesia son finitas. Tienes que sobreponerte a lo finito a través de lo infinito. Cristo te ha creado porque deseaba tu existencia.

Sé lo que tú sientes: una terrible nostalgia y al mismo tiempo un oscurísimo vacío. Y, sin embargo, es El quien te ama a ti.

Estas palabras de la Madre Teresa son particularmente útiles en estos tiempos, en que todos necesitamos desesperadamente creer en algo. La mayoría de las veces nos apartamos desencantados de la Iglesia Católica, confundiendo su carácter sagrado con los individuos que la componen. Es sobre esto que nos previene la Madre Teresa. Una vez que salimos del seno de la Iglesia, quedamos a la deriva y, como consecuencia, podemos ser presa fácil de cualquier argumento falaz.

22
LAS DIFICULTADES

Quién no se ha preguntado, en algún momento de la vida: "por qué a mí"? ¿Quién no se ha preguntado alguna vez: "por qué me pasa esto si he sido bueno, si he cumplido con mis obligaciones"? Desde hace algún tiempo, se nos quiere convencer de que no debemos sufrir. Los medios y la publicidad insisten a diario con que la vida debe ser un lecho de rosas donde no haya lugar para el dolor, ni para las dificultades.

Nada más alejado de la verdad: el dolor y las dificultades son necesarios, la Madre Teresa nos lo recuerda:

El Padre, el jardinero, poda las ramas para que den más frutos, y las ramas, incondicionalmente, con el amor y en silencio, se dejan podar. Sabemos bien lo que significa esa poda: en nuestras vidas, sin excepción, tiene que haber una cruz, y cuanto más cerca estemos de Él, tanto más sentiremos esa cruz, y tanto más íntima y delicada será la poda de esas ramas.

Como puede apreciarse, la Madre Teresa era plenamente consciente de la necesidad de equilibrio. Por eso usa la metáfora de la planta: ella necesita de la poda para crecer, así como nosotros necesitamos de las dificultades. Pensemos en una vida sin el menor revés, ¿cómo apreciaríamos las bondades de una vida semejante?

Dado que en la actualidad la existencia del hombre se centra en lo material, veámoslo en esos términos. Los hijos de los ricos y poderosos de nuestro país para remitirnos a lo conocido en muchos casos caen en la disipación y la adicción a las drogas, aislados como están del mundo real, donde el sufrimiento es moneda corriente.

Jesús puede exigirnos mucho. Y es precisamente en esos momentos de exigencia extrema cuando tenemos que ofrecerle nuestra más bella sonrisa.

La Madre Teresa nos advierte que el Señor reclamará mucho de nosotros, pero mayor es el compromiso de aquellos a quienes Él ha dado más. Es entonces cuando nuestro amor por Él tendrá un valor superior a cualquier otro bien.

23
EL SILENCIO

Todo aquel que viva en una ciudad moderna conoce los padecimientos que genera tanto ruido derivado de ella. Sin embargo, nos acostumbramos y apenas lo notamos como una pequeña molestia. La Madre Teresa nos recuerda el profundo daño que produce en el individuo tanto ruido y, como contrapartida, las bondades del silencio:

Dios es amigo del silencio. Necesitamos encontrar a Dios, pero no lo podremos hallar en el tumulto ni en el bullicio. Miren cómo, en la naturaleza, los árboles, las flores, las hierbas crecen en profundo silencio. El Sol, la Luna y las estrellas se mueven en silencio.

Sin embargo, es un bombardeo al que nos sometemos voluntariamente. En todos los hogares siempre hay uno o varios artefactos encendidos (la radio, el televisor, el equipo de música). Es como si en los momentos en que los seres humanos más necesitan de respuestas profundas, espirituales, y de una gran serenidad para enfrentar y resolver los problemas, inconscientemente buscáramos aturdirnos. En sus enseñanzas, la Madre Teresa ha reclamado desde siempre un cambio de actitud:

El silencio nos permite obtener una perspectiva de todo. Necesitamos del silencio para poder tocar las almas... Jesús siempre nos espera en silencio. En ese silencio Él nos escuchará, Él hablará a nuestras almas y nosotros sabremos escuchar Su voz.

Es muy difícil lograr el silencio interior, pero debemos hacer el esfuerzo. En el silencio encontraremos nuevas energías y la verdadera unidad.

[...] El fruto del silencio es la oración. El fruto de la oración es la fe. El fruto de la fe es el amor. El fruto del amor es el servicio.

Por otro lado, uno de los problemas graves que enfrentamos, y que inevitablemente genera muchos otros, es la falta de comunicación. ¡Cómo escuchar a quienes nos rodean en medio de tanto ruido! ¡Cómo saber qué piensa nuestra familia si en vez de escucharnos unos a otros nos evadimos del instante llenando nuestra cabeza de bullicio a todo volumen!

La Madre Teresa ha subrayado la importancia del silencio para la comunicación con Dios y con los hombres:

Cuanto más recibamos en nuestra oración silenciosa, tanto más podremos dar en nuestra vida activa. El silencio nos permite ver todas las cosas desde una óptica distinta. Necesitamos de este silencio para poder tocar las almas. Lo esencial no es lo que decimos sino lo que Dios nos dice, y lo que Él dice a través de nosotros.

La Madre Teresa se ha referido también a la relación del silencio con la humildad. En medio de tanta información con la que los medios de comunicación nos bombardean, es difícil encontrar el equilibrio. Todo ese "ruido" nos acelera, haciéndonos perder la verdadera perspectiva de las cosas. La Madre Teresa nos recuerda que para tener verdadera caridad es necesario estar en paz con uno mismo, y para esto es necesario el silencio.

Una vez alguien me preguntó qué era lo que yo consideraba más importante en la formación para el trabajo de las Hermanas. Y yo repliqué: el silencio. Silencio interior y exterior. El silencio es esencial en una casa religiosa. El silencio de la humildad, de la caridad, el silencio de los ojos, de los oídos, de la lengua. No hay vida de oración sin silencio.

En primer lugar, el silencio, y luego, la bondad, la caridad. El silencio lleva a la caridad, y la caridad lleva a la humildad. Es imprescindible ser humilde. Siempre me llama la atención la inmensa humildad de Dios. Se humilló a Sí mismo. El, que poseía la plenitud de su Divinidad, tomó la forma de un siervo.

Aún hoy, día a día, Dios nos muestra su humildad usándonos como instrumentos, a pesar de todas nuestras deficiencias, de nuestra debilidad, de nuestra imperfección.

24
LOS POBRES DE ESPIRITU

Cuando escuchamos hablar de la pobreza, inmediatamente pensamos en gente sin techo, que pasa hambre. No hay dudas de que ésa es una expresión de la pobreza, la más evidente; pero la Madre Teresa señala, además, otros aspectos menos obvios:

Hay diferentes clases de pobreza. En la India algunas personas viven y mueren hambrientas. En esos lugares, hasta un puñado de arroz es valioso. En los países occidentales no hay ese tipo de miseria material. Allí nadie se muere de hambre, ni siquiera se conoce el hambre como se conoce en la India y en algunos otros países.

Pero en Occidente hay otra clase se pobreza: la pobreza espiritual que es mucho peor. La gente no cree en Dios, no reza. A la gente no le importa nada del prójimo. En Occidente tenemos la pobreza de aquellos que no están satisfechos con lo que tienen, que no saben cómo enfrentar el sufrimiento, que enseguida se abandonan a la desesperación.

La pobreza del corazón es muchas veces más difícil de aliviar y de exterminar que la pobreza material. En Occidente hay una gran cantidad de hogares desunidos, de niños abandonados, y el divorcio es moneda corriente.

Nuestra sociedad actual es tan individualista, ponemos tanto el acento en los logros personales, que ya ni siquiera somos conscientes de nuestras fallas. La principal es la falta de solidaridad, la Madre Teresa nos lo muestra recordando un hecho que le ocurrió en Japón:

(Escrito en Tokio) Este es un país rico... pero en una de las calles de esta opulenta ciudad vi a un hombre tirado en la calle, ebrio, y nadie le prestaba atención, nadie se preocupaba por él, nadie intentó restituir su dignidad humana, volver a encaminar a ese hermano, a ese hijo de Dios.

Otro de nuestros problemas, que se advierte sobremanera en la juventud, es la falta de un objetivo, de un propósito. Estamos tan enceguecidos por las cosas materiales, que incluso cuando las conseguimos quedamos sin una meta.

La pobreza espiritual del mundo occidental es mucho mayor que la pobreza física de nuestra gente. Ustedes, en Occidente, tienen millones de personas que sufren una terrible soledad, un tremendo vacío. Sienten que nadie los ama, que son rechazados.

Esta gente no padece hambre en el sentido físico, pero está hambrienta de otras cosas. Sabe que necesita algo más que dinero, pero no sabe lo que es.

Lo que en el fondo extraña es una relación real y viva con Dios.

Mas aún: cuando nos cuentan acerca de la tremenda realidad de lugares como Calcuta, nos consideramos afortunados. Sin darnos cuenta de que nuestros problemas son en algún sentido más graves todavía. La Madre Teresa es muy elocuente al respecto:

> *Me parece que la pobreza en Occidente es mucho más difícil de satisfacer porque es mucho mayor que la pobreza que podemos encontrar en la India, en Etiopía o en el cercano Oriente, ya que esta última es sólo una pobreza material. Por ejemplo, hace unos meses, antes de venir a Europa y a América, recogí a una mujer de las calles de Calcuta que se estaba muriendo de hambre: todo lo que tuve que hacer fue darle un plato de arroz para satisfacer ese hambre.*
> *Pero aquí se trata de curar el hambre que padecen los solitarios, los marginados de la sociedad, los que no tienen hogar ni familia, los presos de todo tipo que pasan su vida en terrible soledad, que sólo son conocidos por el número de celda o habitación, y no por su nombre. Creo que ésta es la peor pobreza, una pobreza que el ser humano no puede aceptar, soportar ni sobrevivir.*

De ahí que la Madre Teresa nos aliente a tomar el ejemplo de los pobres:

> *Los pobres están hambrientos de Dios; quieren saber sobre Nuestro Señor. No se preocupan tanto por cosas materiales; quieren escuchar que tienen un Padre en el cielo que los ama.*

Al enfrentarnos al problema de la pobreza, nos preguntamos cómo es posible que la sociedad haya permitido semejante estado de cosas. La Madre

Teresa ofrece una explicación que deberíamos tener muy en cuenta:

La gente ahora trata de demostrar que es capaz de hacer todo por sí sola, que no necesita a Dios en su vida, que es omnipotente. Y de esta forma, tratando de arreglárselas sin Dios, es como produce cada vez más miseria y más pobreza.

25
LA ESPERANZA

Al ver las cosas terribles que ocurren en el mundo de hoy, pareciera que ya no quedaran esperanzas. Pensemos, por ejemplo, en el desempleo y la pobreza que azotan a casi todo el mundo. La Madre Teresa nos dice que, pese a todo, hay esperanza. La encuentra donde menos se nos hubiera ocurrido buscarla, entre los pobres. Ella nos dice que los pobres tienen algo que los demás hemos perdido, riqueza espiritual, y que debemos tomar su ejemplo para retomar la buena senda:

Los pobres son un don de Dios, son nuestro amor. Cristo no nos preguntará cuánto hicimos sino cuánto amor pusimos en nuestra obra. Hay mucha gente con una inmensa pobreza espiritual. Esa pobreza espiritual se encuentra en Europa, en América, y es una pesadísima carga. En esos países es muy difícil transmitir el sentido del amor de Dios...

Los pobres son la "esperanza". Pero a través de su coraje cotidiano representan, realmente, la esperanza del mundo. Nos han enseñado una forma distinta de amar a Dios, a través de su inmensa necesidad, que nos hace dar lo máximo de nosotros para ayudarlos.

26
LOS NIÑOS

La Madre Teresa, que no tuvo hijos propios pero que fue una madre para la humanidad, adoraba a los niños y en ellos veía el milagro mayor:

¿Cuál fue la Buena Nueva que Cristo vino a traernos? Que Dios es amor. Que Dios nos ama. Que Dios nos ha hecho para cosas más grandes... para amar y ser amados. No somos sólo un número en el mundo. Es por eso que resulta maravilloso reconocer la presencia del niño no nacido, del regalo de Dios, el mayor regalo que El puede hacer a la familia, porque ese niño es el fruto del amor.

Es maravilloso pensar que Dios ha creado a cada niño, te ha creado a ti y a mí, y a ese hombre miserable que encontramos en la calle. Ese hombre hambriento, desnudo, ha sido creado a Su imagen, para amar y ser amado, no para ser sólo "uno más.

Leemos en las Escrituras que Dios nos dice: "Aun si una madre llegara a olvidar a su hijo, yo no te olvidaré. Te llevo grabado en la palma de mi mano. Eres valioso para Mí. Y te he llamado por tu nombre".

Es por eso que, en cuanto una criatura ha nacido, lo primero que hacemos es darle un nombre. El nombre por el que Dios lo ha llamado desde la inmensa eternidad, para amar y para ser amado.

En su condición de maestra, la Madre Teresa hacía hincapié en la educación de los niños. Pero más que en su educación formal, a ella le preocupaba su formación como personas; esto queda demostrado en las siguientes palabras:

En nuestras escuelas de Calcuta, damos gratuitamente pan y leche a los niños. Cierto día me percaté de que una de las niñas tomó su pan y lo escondió. Le pregunté por qué no comía su pan, y me contestó: "Mi madre está muy enferma en casa. No tenemos para comer, y quiero llevarle este pan".

Eso es el verdadero amor, el verdadero compartir, que deberían aprender todos los niños.

Tampoco perdía de vista que así como hay que enseñarles, ellos también tienen mucho que enseñarnos:

Nunca olvidaré a un pequeñín hindú que me enseñó a amar a lo grande. En Calcuta no había azúcar, y ese niño hindú, de cuatro años de edad, escuchó no sé dónde que la Madre Teresa tampoco tenía azúcar para sus niños pobres. Entonces fue a su casa y les dijo a sus padres: "No comeré azúcar durante tres días. Voy a dar ese azúcar a la Madre Teresa".

Después de tres días sus padres trajeron al niño a nuestro Hogar. En su mano llevaba un pequeño frasco con azúcar, el azúcar que él no había comido. El pequeño apenas podía pronunciar mi nombre, pero sabía ya lo que era amar de verdad, porque él amó hasta el dolor. Le dolió privarse de azúcar durante tres días. Pero ese niño me enseñó cómo vivir el amor a lo grande, porque no importa cuánto damos sino cuánto amor ponemos en lo que damos.

Incluso en las circunstancias más desgarradoras, los niños son una bendición, como lo prueba la siguiente anécdota de la Madre Teresa:

Siempre recordaré la última visita a Venezuela. Una familia muy rica había donado tierras a las Hermanas para construir un Hogar de Niños, de modo que fui yo personalmente a darles las gracias. Y me encontré con que en la familia el hijo mayor estaba terriblemente discapacitado. Pregunté a la madre por el nombre del niño, y ella me contestó: "Profesor de amor. Porque este niño nos está enseñando constantemente cómo transformar el amor en acción". Y la sonrisa de la madre era hermosa y serena.

De ese niño, tan impedido y desfigurado, estaban aprendiendo a amar.

27
LOS ANCIANOS

El trato que les damos a nuestros ancianos es una prueba contundente de los graves problemas de nuestra sociedad desde sus fundamentos mismos. En la historia de la humanidad no ha habido civilización donde los ancianos no fueran honrados y respetados. Hoy día, con la orientación materialista y utilitaria que ha adoptado el hombre, parece que aquel que ya no puede producir debe ser descartado. Se ha hecho un culto de la juventud, sostenido en gran medida por la publicidad, y ser viejo resulta, cuanto menos, vergonzante. Por todo esto es que la Madre Teresa se pregunta:

¿Dónde están los ancianos hoy en día? Se los recluye en instituciones geriátricas. ¿Por qué? Porque nadie los quiere, porque constituyen una carga. Recuerdo que hace un tiempo visité un hermo-

so hogar de ancianos. Había unos cuarenta pensionistas, y realmente no les faltaba nada. Pero todos estaban sentados, mirando hacia la puerta. No había ni una sonrisa en sus rostros, y pregunté a la Hermana que los atendía: "Hermana, ¿por qué esta gente no sonríe? ¿Por qué no dejan de mirar hacia la puerta?". Y ella, con mucha dulzura, me contó la triste realidad: "Todos los días sucede lo mismo, Madre. Esperan que alguien venga a visitarlos. Esta es la verdadera pobreza".

No es necesario recorrer los barrios marginales y las villas de emergencia para encontrar falta de amor y pobreza. Sin duda en nuestro vecindario, y en nuestra familia misma, hay alguien que sufre.

Lo que la Madre Teresa advierte en su inmensa sabiduría es aquello que nosotros perdemos de vista. Esto es, todo lo que desperdiciamos al apartar a los ancianos, toda su experiencia acumulada. Y lo que es aún peor, la unidad familiar que nos brindan los abuelos, trasmitiendo los valores acumulados en una vida de esfuerzos.

28
LA FE

Qué es la fe? Ante esta pregunta todos pensamos en experiencias místicas, en vivencias muy íntimas y abstractas. Si bien algo de esto hay, la Madre Teresa nos da una definición mucho más sencilla y acertada:

La fe en acción es amor, y el amor en acción es servicio. Por lo tanto, la "forma de vida no es sino el fruto de la fe. La fe tiene que convertirse en una acción de amor si quiere vivir. Y el amor, para ser real y vivo para ser el amor de Dios en acción, debe ser servicio...

A continuación nos dice que la fe no es una carga, sino, por el contrario, un regalo:

La fe es un don de Dios. Sin la fe no habría vida. Y nuestro trabajo, para ser fructífero, para ser todo de Dios,

*y sobre todo para ser hermoso, debe basarse en la fe, en la
fe en Cristo que dijo: "Estuve hambriento y desnudo y enfermo, y carecía de un hogar donde guarecerme, y tú
me has cuidado". Todo nuestro trabajo se basa en
esas palabras suyas.*

Es necesario que llevemos nuestra fe a cada acción de nuestra vida, para que ella tenga un sentido. Sin
esa esperanza, que es, en última instancia, la fe, sería-
mos todos islas y nuestra vida sería un vacío.

*Necesitamos ojos llenos de profunda esperanza
para ver a Cristo en el cuerpo destruido y en las ropas
hediondas que ocultan el más hermoso hijo de los hombres. Necesitaremos de las manos de Cristo para tocar
esos cuerpos heridos por el dolor y el sufrimiento. ¡Cuán
puras habrían de ser nuestras manos para tocar el cuerpo de Cristo, como lo toca el sacerdote bajo la forma del
pan en el altar! ¡Con cuánto amor, devoción y fe eleva
la Sagrada Hostia! Es ese mismo sentimiento el que debemos experimentar nosotros cuando levantamos el
cuerpo del pobre enfermo.*

También se nos recuerda que la fe está en la
raíz del amor, y que sin ella el amor es imposible:

*Nos amaremos los unos a los otros cuando es-
cuchemos la voz de Dios en nuestros corazones.*

La fe es confianza; de ahí que la Madre Teresa recomiende:

*Confía en Dios. Siente la seguridad de la Divina
Providencia. El proveerá. Deja que El te ponga a prueba
y que confíe en nuestra fe. Sírvele. Ten fe y confianza.*

Muchos de nuestros problemas se originan en la

falta de fe. La religiosa ha llamado la atención sobre esto, porque ha notado que estamos tan perdidos que ni siquiera nos damos cuenta de un hecho tan grave como ese:

La falta de fe, la escasez de fe, se debe a que hay tanto egoísmo y tanta ambición individual. Pero, para que la fe sea verdadera, tiene que haber un amor que se brinde sin barreras. El amor y la fe son indispensables. Se complementan entre sí.

La gente no sabe que ha perdido su fe. Si estuviese convencida de que la persona que yace en el barro es su propio hermano, creo que no dejaría de hacer algo por esa persona. Pero la gente no conoce la compasión. No conoce a la gente. Si comprendiese, captaría de inmediato la grandeza del pobre tirado en la alcantarilla, y no podría dejar de amarlo. Y ese amor seguramente la llevaría a ayudarlo.

29

EL EXITO

No *hacemos nada. El hace todo. Toda gloria vuelve a El. Dios no me ha llamado para ser exitosa. Me ha llamado para serle fiel.*

Estas palabras de la Madre Teresa son muy significativas. En un mundo donde se hace un culto del éxito, es muy importante que se nos llame la atención. Corremos noche y día tras el tan mentado éxito sin detenernos a pensar qué significa. ¿Qué es el éxito?, ¿salir en televisión?, ¿tener más cosas materiales?, ¿ser aplaudido? ¿O es por el contrario ser un buen padre, un buen marido, una buena persona, hacer bien nuestro trabajo? ¿Importa llegar a ocupar una posición sin merecerlo?

Este camino conduce por otro lado a un orgullo mal entendido, porque como señala la Madre Teresa todo lo que somos y tenemos nos ha sido dado. Por eso nuestro único mérito está en nuestro esfuerzo, y éste debe estar dedicado a mejorarnos y a mejorar el mundo donde vivimos.

30

EL HACERSE TIEMPO

Hoy en día no tenemos ni tiempo para mirarnos los unos a los otros, para conversar, para disfrutar de la mutua compañía... Y es así como nos contactamos cada vez menos con los demás. El mundo se está perdiendo por falta de dulzura y bondad. La gente se muere por falta de amor, porque todo el mundo está apurado.

Con estas palabras, la Madre Teresa roza un tema crítico en la vida actual, como es el ritmo de nuestras vidas. Estamos tan acelerados que perdemos de vista las cosas importantes. En nuestro apuro, hasta malgastamos nuestro tiempo. Más de una vez nos debe haber ocurrido que tras correr todo el día nos damos cuenta que de habernos detenido a pensar, podíamos aprovechar mejor nuestro esfuerzo.

¿Dónde comienza el amor? En casa...

Aprendamos el amor en nuestra familia. En el seno de nuestra propia familia puede haber gente muy pobre, sin que nosotros nos hayamos percatado aún de ello. Nunca tenemos tiempo para sonreír, nunca tenemos tiempo para conversar. Llevemos el amor y la ternura a nuestro propio hogar. Notarán la diferencia.

El apuro produce una sensación de vacío que es muy familiar para la mayoría de nosotros. Debemos recuperar un espacio en nuestras vidas para conectarnos, aunque más no sea con nuestra familia y nuestros amigos. Si bien el entorno en una ciudad lo hace muy difícil, siempre podremos hallar un segundo para sonreír, como nos reclama la Madre Teresa.

En éstas, sus palabras, la Madre Teresa nos vuelve a poner los pies sobre la Tierra. Gran parte de nuestro apuro está dirigido a obtener bienes materiales para nuestra familia. Pensemos, sin embargo que seguramente nuestros hijos prefieran vernos un rato más antes que tener las zapatillas de moda o una montaña de juguetes.

Jesús nació niño para enseñarnos a amar a los niños. En los ojos de un niño veo el espíritu de la vida, el de Dios mismo.

Tenemos que hacer sacrificios a fin de proteger la vida. Pero la vida familiar se ha roto. ¡Hay tantas otras apetencias! La gente necesita más automóviles, más artefactos, más confort técnico. No hay tiempo para la vida familiar. Cuando el Primer Ministro Nehru vino para inaugurar nuestro Shishu Bavaní, nuestro hogar infantil en Nueva Dehli, miró a los niños abandonados que habíamos recogido y dijo: Cuidad a estos niños. Alguno de ellos quizá sea el Primer Ministro de nuestro país algún día".

Recordemos que el espíritu cristiano, como ha señalado la Madre Teresa, está basado en la unión familiar

Pienso que el mundo hoy en día está cabeza abajo, y sufre tanto porque hay muy poco amor en los hogares y en la vida familiar. No tenemos tiempo para nuestros hijos, no tenemos tiempo el uno para el otro. Si pudiésemos devolver a nuestras vidas el espíritu de la vida hogareña que vivieron Jesús, María y José en Nazaret, si pudiésemos convertir nuestros hogares en una réplica de aquel hogar nazareno, pienso que la paz y la alegría reinarían en el mundo.

31
EL HOGAR

Nunca debemos perder de vista que lo importante es la gente. En la enseñanza que sigue, la Madre Teresa nos recuerda que lo que constituye en esencia al hogar somos nosotros y no el edificio donde habitamos

Donde está la madre está el hogar. En cierta oportunidad recogí a un niño y lo llevé a nuestro Hogar Infantil; lo bañé, le di ropas limpias y alimentos, pero al cabo de un día, el niño se escapó. Alguien lo encontró y lo trajo nuevamente a nuestro hogar, y volvió a escapar. Luego retornó otra vez y entonces le dije a una de nuestras Hermanas: "Por favor, si huye de nuevo, sigue a este niño, no lo pierdas de vista hasta saber adónde va cuando se escapa". Y el niño escapó por tercera vez.

Bajo un árbol estaba su madre. Había colocado piedras debajo de una cazuela de barro y estaba cocinando algo que había recogido de los tachos de la basura. La Hermana preguntó al niño: "¿Por qué te escapas-

te del Hogar?" y el niño respondió: "Pero si mi hogar está aquí, ¡porque aquí está mi madre!".

Sí, allí estaba su madre. Allí estaba su hogar. No importaba que la comida hubiera sido recogida de la basura, porque mamá la había preparado. Era ella quien acariciaba y abrazaba al niño, y el niño tenía a su madre.

Esto también es válido en la relación entre marido y mujer.

De la misma manera, debemos tener presente que:

El amor comienza en el hogar y perdura en él. Es su contenedor constante. El hogar es para todos nosotros el primer centro de amor, de devoción y de servicio. Comienza a hablar con personas que utilizan tu mismo lenguaje y comparten tu cultura, pero con quienes antes no habías tenido intercambio de palabras alguno.

De hecho, muy pocos de nosotros viajaremos hasta Jericó. Nuestra tarea está en la Sagrada Ciudad en que hemos nacido, en nuestra propia Jerusalén, donde se levanta el Templo de Dios único y verdadero. Es aquí donde hemos sido designados para servirle a El a través de nuestros hermanos, en nuestra casa y en nuestros vecinos más cercanos...

¿Conoces a los miembros de tu familia? ¿Conoces a tus vecinos, a quienes integran tu comunidad? ¿Te importan? ¿Tratas de hacerlos felices? Primero debes hacer esto, y recién después piensa en los pobres de la India o de otros lugares del mundo.

Frecuentemente nos preocupamos por la gente que sufre del otro lado del mundo, mientras que no reparamos en quien sufre a nuestro lado. Tal vez hasta trabajemos para mejorar la vida de los pobres restándole tiempo y afecto a nuestra propia familia. Como nos dice acertadamente la Madre Teresa, el camino es el inverso. Cuando nadie sufra a nuestro lado, recién entonces debemos mirar más allá.

32
LA BONDAD

El pensamiento de la Madre Teresa sobre este tema puede parecer superficial, ya que todos sabemos que tenemos que ser buenos. Pero si leemos con atención, podremos advertir aspectos que muchas veces no consideramos. Como en la siguiente reflexión de la religiosa, donde además de pedirnos que seamos buenos nos recuerda que es preferible equivocarse actuando con bondad y cariño antes que obrar correctamente sin amor

Sean verdaderos colaboradores de Cristo. Irradien y vivan Su vida. Sean ángeles bondadosos para los enfermos, un amigo para los pequeños, y ámense los unos a los otros como Dios ama a cada uno de ustedes, con ese amor tan intenso y especial. Sean afectuosos en el seno de sus hogares y bondadosos con quienes los rodean.

*Considero que es preferible que cometan erro-
res por bondad a que obren milagros con dureza.
Muchas veces basta una palabra, una mirada o una
acción muy pequeña para que la oscuridad y la angustia llenen el corazón de los que amamos.*

Lo que ella propugna es que bastan pequeñas cosas para hacer la diferencia. La felicidad no llega a través de grandes gestos, sino con el afecto cotidiano:

*La caridad de María nos enseña amor, bon-
dad y generosidad. Ella fue corriendo a atender a su
prima Isabel. "No tienen vino", le dijo a Jesús de Caná. Seamos como ella, conscientes de las necesidades de los pobres, ya sean espirituales o materiales, y
sepamos dar generosamente como ella lo hizo, del
amor y de la gracia que se nos ha concedido.*

*Sean bondadosos y caritativos. No dejen nun-
ca que nadie que haya acudido a ustedes se vaya
sin sentirse mejor y más feliz. Sean la expresión viva de la bondad de Dios: bondad en sus rostros, en
sus ojos, en su sonrisa, en su cálido saludo.*

*[...] El amor es paciente. El amor es bondado-
so. ¿Soy realmente bueno porque amo a Jesús? ¿Soy
gentil con mi prójimo porque amo a Jesús? Ayúdame
a vaciarme de todo egoísmo y permitir así que Dios
me llene completamente con su amor.*

33
LA PAZ

Todos decimos siempre desear la paz en el mundo, al tiempo que tendemos a pensar que no somos responsables del actual estado de cosas. Creemos esto porque no ocupamos posiciones de poder, pero la Madre Teresa nos demuestra que la paz es también un ejercicio cotidiano.

Prediquemos la paz de Cristo como El mismo lo hizo. Simplemente haciendo el bien, sin pausa. El no interrumpió su obra de caridad porque los fariseos y otros lo odiaban o procuraban arruinar el trabajo de Su Padre. Simplemente prosiguió haciendo el bien. El Cardenal Newman escribió: "Ayúdame a derramar Tu fragancia por doquiera que yo vaya. Ayúdame a predicarte sin predicar; no quiero predicar con palabras, sino con mi ejemplo. Nuestras obras de amor no son sino obras de paz".

La Madre Teresa nos recuerda a aquellos que, como los argentinos, disfrutamos de la paz, que ésta es un regalo del Señor. Al mismo tiempo, es una exigencia que El impone sobre nosotros. También nos advierte que la paz comienza en nuestro interior.

Agradezcamos a Dios su don de paz, que nos recuerda que hemos sido creados para vivir en paz, y que Jesús se hizo hombre como nosotros en todo, menos en el pecado; proclamó con toda claridad que vino para traernos la Buena Nueva. La Buena Nueva era la paz para todos los hombres de buena voluntad. Si hay algo que todos deseamos, es la paz del espíritu.

Y una vez alcanzado el equilibrio interior, la paz se transmite por medio de la sonrisa.

No usemos bombas ni armas para dominar el mundo. Usemos amor y compasión. La paz comienza con una sonrisa. Sonríe cinco veces por día a alguien a quien, en realidad, no le quisieras sonreír en absoluto; hazlo por la paz.

Irradiemos así la paz de Dios, y encenderemos Su luz y extinguiremos en el mundo y en el corazón de los hombres el odio y la sed de poder.

No olvidemos, según los términos de la religiosa, que la paz no es algo que se consiga automáticamente. Por el contrario, exige mucho trabajo, que es lo que ella requiere de todos nosotros.

Los pobres deben saber que los amamos, que los queremos. Ellos mismos no tienen nada para dar, sino su amor. Nos preocupamos de cómo hacer llegar nuestro mensaje de amor y de compasión. Procuramos llevar la paz al mundo a través de nuestro trabajo. Pero recordemos que el trabajo es un don de Dios.

34
EMPEZAR POR EL PRINCIPIO

Como nos enseña la Madre Teresa, si queremos recorrer el largo camino que lleva a ser mejores personas, debemos empezar por el lugar en que nos encontramos. Hoy y aquí debe ser nuestro punto de partida.

Muchas veces, como aquel que va a empezar una dieta pero siempre lo deja para el día siguiente, nos preocupamos por los pobres de lugares remotos. Nos angustiamos por los que sufren, pero ¿qué podemos hacer nosotros por ellos?

De esta manera, nuestra conciencia descansa. La Madre Teresa nos enseña que podemos empezar a hacer el bien en nuestro alrededor, y tarde o temprano esa bondad llegará a quienes sufren a lo lejos.

35
LA NADA

Todos alguna vez hemos caído en un estado de desasosiego, cuando no encontramos respuestas a lo que somos, a lo que tenemos, a lo que deseamos profundamente; cada vez que suceda, pensemos en estas palabras de la Madre Teresa:

Aparta los ojos de ti mismo y alégrate de no poseer nada, de no ser nada, de no poder nada. Sonríele confiadamente a Jesús cada vez que tu vaciedad te atemorice. Aférrate a Nuestra Señora, porque también ella, antes de recibir la gracia de Jesús, tuvo que atravesar esa oscuridad.

Tengamos siempre presente el ejemplo de María; consideremos que la falta de algo hará más valioso el momento en que lo obtengamos.

36

LA LIBERTAD

Debemos tener la alegría y la libertad de la pobreza, y compartir la dicha de amar.

Damos mucho, y gastamos mucho. Vivimos un día por vez, confiando en la divina providencia. Experimentamos la alegría de la libertad que nos otorga la pobreza. Queremos sentir la alegría de compartir... Dar y darse a otros genera alegría.

La Madre Teresa nos dice que la pobreza trae libertad. ¿En qué consiste esta libertad? En que quien nada tiene, nada puede perder. En muchos casos, somos esclavos de lo que tenemos. Pareciera que son las cosas las que nos poseen a nosotros: vivimos agobiados por el temor a perderlas.

Liberarse de este temor produce esta alegría de la que nos habla la Madre Teresa.

Estas palabras de la Madre Teresa, dirigidas a

su congregación, pueden sernos útiles si nos sentimos esclavos, tanto del tener como del no tener:

Si ustedes, Hermanas mías, necesitan comprar algo, compren lo más barato que encuentren. Tenemos que ostentar nuestra pobreza con orgullo... Si tienen que dormir en un rincón donde no corre ni una brisa, no exterioricen su sofocación para demostrar cuánto sufren. En estas pequeñas cosas uno puede practicar la pobreza. La pobreza nos hace libres. De esa manera, podremos sonreír y mantener nuestro corazón alegre para Jesús.

Vivan dentro de las formas más simples de la pobreza, como ser reparar sus propios zapatos, arreglárselas con lo que tienen, amando la pobreza como aman a su propia madre. Nuestra sociedad sobrevivirá mientras exista esa pobreza verdadera. Las instituciones en las cuales la pobreza se practica con verdadero fervor no tienen por qué temer la decadencia. Tenemos que hacernos más pobres cada día, y descubrir nuevas formas de vivir nuestros votos de pobreza.

No debemos desperdiciar tiempo y energía en embellecer y hacer más atractivas nuestras casas. Dios nos libre de esos conventos en los cuales los pobres temen entrar, porque los hacemos sentirse avergonzados de su miseria.

Las Hermanas vivirán pidiendo limosnas. Dependen total y absolutamente de la caridad pública. Las Hermanas no deben sentir vergüenza de mendigar de puerta en puerta si ello fuese necesario. Nuestro Señor prometió recompensar el vaso de agua brindado en Su nombre. Es por El que nos volvemos mendicantes.

La Madre Teresa recomienda a su congregación hacer economía. Sin llegar a los extremos a los que llegan sus monjas (que han hecho votos de pobreza), esa actitud es deseable para todos nosotros. En la medida en que nos desprendamos de lo que nos sobra, seremos más felices y haremos más felices a los que nos rodean.

37

EL AUTOCONOCIMIENTO

E l autoconocimiento nos pone de rodillas y es imprescindible para poder amar. El conocer a Dios confiere amor, mientras que a través del autoconocimiento adquirimos la humildad.

Al conocernos realmente, si somos sinceros, veremos nuestras fallas. Al individualizarlas, no sólo seremos más humildes sino que también comprenderemos mejor las de los demás. Este es el primer paso para poder amar a nuestro prójimo como nos reclama el Señor.

Como veremos a continuación, no es posible comprender al otro si nos consideramos perfectos:

San Agustín dice: "Primero se tienen que llenar ustedes mismos, y recién después podrán dar algo a los demás". El autoconocimiento es imprescindible para la *confesión. Es por eso que los santos pudieron autocalificarse de criminales y malvados. Veían a Dios y se veían a sí mismos, y constataban la diferencia. De ahí que nunca los tomara de sorpresa el que se los acusara, aunque fuese falsamente...*

Cada uno de nosotros tiene mucho bien y también mucho mal en su interior. No nos vanagloriemos de nuestros éxitos, más bien atribuyámoslos todos a Dios.

Es, en realidad, muy justo este pedido de la Madre Teresa, porque todo lo que somos se lo debemos al Señor.

38
NUESTRAS FALLAS

La primera lección que nos da el Sagrado Corazón de Jesús es aprender a examinar nuestra conciencia. El examen de conciencia es un trabajo conjunto entre nosotros y Jesús. No nos detengamos en inútiles consideraciones de nuestras propias miserias, sino preocupémonos por elevar nuestros corazones a Dios y a Su luz...

La Madre Teresa conoce la importancia de detenernos periódicamente a mirar en nuestro interior, y es lo que transmite en este caso. Es una actividad tan necesaria como importante, ya que si no vemos nuestros errores no podemos corregirlos.

Por otra parte, es esencial para ser comprensivos y caritativos con nuestros hermanos, tener presentes nuestras propias fallas.

Sin embargo, la Madre previene contra un exceso en este sentido. La idea no es instalarnos en nuestra miseria sino actuar sobre ella para eliminarla, para lo cual siempre contaremos con el apoyo de Nuestro Señor.

En general, tendemos a ser muy estrictos en nuestros juicios respecto de los demás. Por ello es bienvenida la siguiente advertencia de la Madre Teresa:

Corremos el riesgo de olvidarnos de que somos pecadores.

Nunca debemos olvidar que así como nosotros nos equivocamos, y esperamos comprensión para nuestros errores y flaquezas, los demás tienen también ese derecho.

39
CUIDAR LA LENGUA

La vida hoy ha adquirido como rasgo esencial el vértigo. Entre otras consecuencias, se nos ha hecho costumbre hablar sin pensar lo que decimos. Esto es evidente en todas las actividades, incluso en los medios de prensa. La Madre Teresa, acertadamente, nos advierte sobre los riesgos de esta conducta.

Nos hemos acostumbrado tanto los unos a los otros, que algunos piensan que tienen plena libertad de decir cualquier cosa a cualquiera, en cualquier momento. Suponen que las Hermanas tienen le deber de soportar cualquier tipo de agresiones. ¿Por qué no pensar un poco antes de hablar por hablar?

Sabemos lo que uno mismo es capaz de aguantar, pero no cuánto puede soportar el otro.

Estas palabras, dirigidas a quienes proferían ataques verbales a sus monjas, son perfectamente aplicables a nuestra vida diaria.

Como sabemos, es posible que unas palabras que a nosotros no nos afecten en absoluto puedan herir profundamente a aquel que está a nuestro lado.

Una cuestión aparte es la intención efectiva de herir. La Madre Teresa también nos advierte sobre la carga de violencia que tienen las palabras. En muchas ocasiones, una palabra duele más que un golpe, y las heridas que causa tardan más tiempo en sanar. De ahí este pedido:

El camino más rápido y más eficaz hacia la consideración para el prójimo pasa por nuestra palabra... usémosla para hacer el bien. Si piensas bien de tu prójimo, también hablarás bien de él y con él.

Tu palabra reflejará la riqueza de tu corazón. Si tu corazón está lleno de amor, también tus palabras serán de amor.

La violencia de la palabra es muy real y concreta, la lengua suele ser más filosa que la más afilada daga, hiriendo y creando amarguras que sólo la gracia divina puede curar.

La Madre Teresa nos recuerda que así como la lengua nos une al Señor en la comunión, ella nos une también a nuestros hermanos. Por eso mismo, hay que tener especial cuidado en "el uso" que le demos, y tratar que nuestro corazón esté siempre detrás de lo que decimos. Que no nos avergüence pedir perdón, asegura la religiosa: no hay nada más sano y justo que reconocer nuestros errores.

...La reconciliación comienza, no con los demás, sino con nosotros mismos. Comienza cuando se tiene un corazón limpio. Un corazón limpio posee

la capacidad de ver a Dios en los demás.

Nuestra lengua, esa parte de nuestro cuerpo que entra en contacto directo con el cuerpo de Cristo a través de la comunión, puede convertirse en instrumento de paz y de alegría o también en instrumento de pena y dolor... Perdona y pide perdón; excúsate en lugar de acusar...

40
LA ENVIDIA

Examinando sus enseñanzas, puede concluirse que la envidia era, para la Madre Teresa, uno de los sentimientos que más nos alejan de Dios.

Si uno realmente se entrega al trabajo que le ha sido confiado, tiene que hacerlo con todo el corazón. Sólo se puede llevar la salvación a otros siendo absolutamente honestos y trabajando para y con Dios.

Lo que importa no es cuánto hacemos, sino cuánto amor, cuánta honestidad, cuánta fe ponemos en lo que hacemos. No importa el tipo de trabajo que hagamos, cada uno hace lo suyo, a su manera. Pero todos hacemos aquello para lo que Dios nos ha dado capacidad. Sin embargo, lo olvidamos, y perdemos el tiempo mirando a los demás y deseando ser o estar haciendo otra cosa.

¿Por qué la Madre Teresa piensa que la envidia nos aleja de Dios? Nuestra finalidad última debiera ser usar al máximo las capacidades que El nos ha brindado. Por eso, cualquier tarea que hagamos tiene un valor tan relevante como las más importantes: no existen actividades despreciables, ya que el Señor nos ha dado diferentes aptitudes y talentos.

En la medida en que los desarrollemos al máximo, El estará satisfecho y eso debe bastarnos.

Por otro lado, si perdemos el tiempo observando y criticando a los demás, estaremos descuidando nuestra propia tarea. Lo mismo ocurre si suponemos que lo hecho por los otros es más importante que lo nuestro.

41
ACEPTAR

Cuando la Madre Teresa nos habla de aceptar, se refiere a la totalidad de las cosas. Para cualquiera de nosotros, es más fácil aceptar lo bueno; pero la Madre Teresa nos recuerda que toda cosa tiene un lado bueno y uno malo. Por eso, cuando nos solicita que aceptemos a Cristo eso incluye las pruebas a que el Señor nos somete. Si no las aceptáramos, no tendríamos a Jesús en nosotros y no podríamos acercar consuelo a los demás:

No dejen de llevar a Jesús a la gente con que tratan, no sólo a través de palabras sino a través del ejemplo, amando a Jesús, irradiando su sacralidad y derramando su amor dondequiera que vayan. La alegría de Jesús será la fuerza de ustedes.

Traten de irradiar cuanto hagan con una

gran sonrisa. Ustedes le pertenecen. Reafirmen su
entrega a El, repitiéndole: "Soy todo tuyo, y si Tú me
cortas en pedazos, cada fragmento mío seguirá per-
teneciéndote sólo a Ti". Permitan que Jesús sea la
víctima y el sacerdote de cada uno de ustedes.

La Madre Teresa, que les dedicó su vida completa, nos pide que aceptemos a los pobres. También aquí vale lo dicho antes, esto es, que cada cosa tiene dos valores, dos caras según sea la perspectiva considerada: una agradable y la otra no. Lo que
ocurre con los pobres es que sólo vemos el costado
desagradable, su miseria, y al apartarnos ignoramos
el otro aspecto, el humano, el rasgo de solidaridad
tan característico de aquellos que sufren a causa de
su marginación de la sociedad.

Tenemos que aceptar y reafirmar la dignidad
de los pobres, respetarlos, estimarlos, amarlos y ser-
virlos... Tenemos una deuda de gratitud con los po-
bres. Los pobres, los humildes, son realmente seres
magníficos. A menudo pienso que es a ellos a quie-
nes debemos nuestra máxima gratitud. Nos ense-
ñan, a través de su fe, de su resignación, de su pa-
ciencia en el sufrimiento. Nos permiten ayudarlos. Y
haciéndolo, estamos sirviendo a Jesús.

Sólo en el cielo sabremos cuánto les debemos a
los pobres, por ayudarnos a amar mejor a Dios a
través de ellos.

42
LA RECREACION

Tenemos que tratar de alcanzar el equilibrio en nuestras vidas. Ningún exceso es deseable, incluso del trabajo se puede abusar. Hasta la Madre Teresa, trabajadora incansable, que dedicó completamente su vida a servir a los demás, reconoce esto. Ella rescata el valor de la recreación:

La recreación es un medio para poder orar mejor, con mayor profundidad. La relajación de tensiones despeja la mente...

La distensión que conlleva el ocio, la recreación, es imprescindible desde un punto de vista utilitario. Si nos concentramos demasiado en un aspecto de nuestras vidas, perderemos eficiencia. Sin embargo, la Madre Teresa echa una nueva luz sobre este tema. Todos consideramos a la recreación una suerte de premio, que nos concedemos luego de cumplidas nuestras tareas. Hay incluso quien se siente culpable por darse un gusto. También quien considera que el tiempo dedicado al esparcimiento es tiempo perdido. Veamos qué dice la Madre Teresa al respecto:

> *¿Juegas bien? ¿Duermes bien? ¿Comes bien? Todo esto son obligaciones. Nada es pequeño a los ojos del Señor.*

Es claro que la Madre Teresa tiene una opinión diferente. ¿Por qué ella habla de una obligación? La religiosa siempre sostuvo que cualquier cosa que hagamos será valiosa en la medida en que pongamos alegría y amor en ella. Sin la medida justa de recreación, nuestro trabajo será mecánico y estéril, y esto desmerecerá su valor.

Por último, algo importante para aquellos que por razones económicas no puedan disfrutar de la recreación según las formas más tradicionales (como el cine, los espectáculos teatrales, los paseos, etc.), la Madre Teresa nos recuerda que hay otras formas de esparcimiento. Y que se las puede hallar en todos lados. Ella aseguraba

> *Mi televisión es el Tabernáculo.*

43
EL DESALIENTO

Hay momentos en que parece que estuvié-semos desperdiciando nuestra preciosa vida y sepultando nuestros talentos. Nuestras vidas son realmente desperdiciadas si sólo usamos la luz de la razón. Nuestra vida no tiene sentido, salvo que miremos a Cristo...

Todos hemos sentido, en uno u otro momento de la vida, esa sensación de la que habla la Madre Teresa. Es muy importante que tengamos presentes sus palabras al respecto, en especial cuando nos alcance el desaliento.

Tenemos que darnos cuenta de que lo único que nos diferencia de una computadora es nuestra capacidad de sentir. Y que debemos, entonces, actuar en consecuencia. Podemos cometer todo tipo de errores y sufrir todo tipo de reveses, pero nuestra vida no estará desperdiciada si somos amados. Tampoco debemos perder de vista que el amor que Nuestro Señor obra en nosotros es el mismo para todos, y que eso nos iguala ante El.

Cuando uno siente desaliento, es señal de que hemos obrado con orgullo y vanidad, porque el desaliento demuestra que en ese momento uno confiaba exclusivamente en las propias fuerzas...

No podemos dejar de advertir lo acertado del pensamiento de la Madre Teresa. Si en lugar de confiar en nuestras fuerzas, pusiéramos nuestra fe en la Divina Providencia, al fracasar nos daríamos cuenta en la medida en que hayamos entregado nuestro mejor esfuerzo de que esa era su voluntad. En ese caso, no sentiremos desaliento.

44
LA DILIGENCIA

Qué es la diligencia? Según el diccionario, es la actividad, la prontitud y el empeño puestos en una tarea. La Madre Teresa nos la recomienda en su siguiente expresión:

Concentren todos sus esfuerzos en transitar en presencia de Dios, en ver a Dios en cada persona que encuentren y en vivir a lo largo de todo el día sus meditaciones matutinas. Particularmente en la calle, procuren irradiar la alegría de pertenecer a Dios, de vivir con él y de haberle dedicado sus vidas. En las calles, en los albergues, durante su trabajo cotidiano, su oración, brotando del alma y del corazón, no se deberá interrumpir jamás.

[...] Todos hemos sido llamados. El mero hecho de tener un don o una capacidad determina-

da puede constituir una vocación.

¿Cuál es esa tarea de la que habla la Madre Teresa? ¿A qué debemos aplicarnos diligentemente? Atendiendo a las últimas líneas, pareciera que no importa, que la recomendación de diligencia fuera general. No es así, sin embargo; si leemos con atención notaremos que la tarea que la Madre Teresa nos encomienda es llevar consuelo, afecto y alegría a nuestro prójimo. Por otra parte, nos dice que es posible hacerlo mientras llevamos adelante otras actividades.

45
EL GOZO

Como hemos visto ya, al referirse a la distensión necesaria en toda actividad, la Madre Teresa consideraba no sólo necesario sino obligatorio descansar de cuando en cuando de nuestra tarea. Esto es aún más aplicable al gozo. Para la Madre Teresa es imprescindible que podamos gozar de nuestras actividades. Para ella, éstas pierden todo sentido si se hacen con un corazón duro y encallecido.

Si bien la religiosa le da prioridad y estima como superior nuestra capacidad de sufrir, también lo hace con la de gozar. Lamentablemente, ambas aptitudes no son puestas en práctica por el hombre actual. Pero no podremos compartir el sufrimiento de nuestros hermanos si no podemos compartir su gozo.

Aún más, y como veremos a continuación, la Madre Teresa no se conformaba con que gocemos, nos reclamaba que trasmitiéramos ese sentimiento con el objeto de que prenda en el espíritu del otro.

46
LA LIBRE ELECCION

Dios ha creado todas las cosas para nosotros. A los animales no les ha dado el poder de escoger libremente. Sólo poseen el instinto. Los animales pueden ser encantadores y sentir por nosotros un maravilloso afecto, pero es todo por instinto. En cambio, el ser humano puede escoger libremente. Esto es lo único que Dios no nos quita: el poder de la voluntad, el poder querer algo. Yo quiero ir al cielo. E iré, con la ayuda de Dios.

La Madre Teresa nos recuerda que el rasgo esencial del ser humano es su capacidad de elección. En esta capacidad vive la raíz de nuestra persona. En otras palabras, somos lo que elegimos ser.

Mucha gente trata de evitar la responsabilidad de sus acciones dejando que otros elijan por ellos. Esto, además de ser peligroso, nos niega en nuestra esencia, ya que al dejar que el otro haga elecciones por nosotros, estamos eligiendo no ser lo que somos.

Todo esto es tan cierto como su contraparte. Aunque tengamos las mejores intenciones, jamás podremos decidir por otros. Así veamos que cometen un error, ese será su error; podemos advertirlo, pero no evitarlo.

Quisiera muchísimo que todo el mundo conociese a Dios y supiera amarlo y servirlo, porque en ello radica la verdadera felicidad. Quisiera que todo el mundo tuviese la fe que yo tengo. Pero eso lo elige cada uno. Si ven la luz, tienen la posibilidad de seguirla. Yo no les puedo dar luz: sólo puedo darles las herramientas para obtenerla.

Enseguida, la Madre Teresa insiste sobre este importante eje de la existencia. Y llama nuestra atención sobre el hecho de que nadie puede arrebatarnos la capacidad de elección, ni siquiera el Señor. Por ello, debemos tener presente que siempre contamos con la posibilidad de elegir; aunque a veces esta elección sea difícil. Sólo la perdemos si renunciamos voluntariamente a ella:

Dios ha creado todas las cosas. Las mariposas, los animales, toda la naturaleza. Las ha creado para nosotros. Lo único que no les ha dado es la fuerza de voluntad que posibilita la elección.

Los animales pueden ser muy queribles y a su vez dar mucho cariño, pero lo hacen instintivamente. El ser humano, sin embargo, puede decidir, puede elegir. Esta capacidad es lo único que Dios no acepta que deleguemos en Él. La fuerza de voluntad, el querer tal o cual cosa, es inherente a cada individuo.

Quiero ir al Cielo y, con la gracia de Dios, iré. Si elijo el pecado y voy al Infierno, es mi elección. Dios no puede obligarme a elegir de otra forma. Es por eso que, cuando abrazamos la vida religiosa, re-

nunciamos voluntariamente a esa fuerza de voluntad. Y es por eso, también, que el sacrificio es tan grande: el voto de obediencia es el más difícil de hacer. Porque al hacer ese voto, se renuncia a lo único que a uno realmente le pertenece: la capacidad de elegir y de decidir.

Mi salud, mi cuerpo, mis ojos, todo mi ser pertenecen a Dios y El me los puede quitar. Me puedo caer, me puedo herir, puedo quebrarme, pero con eso no desaparece mi fuerza de voluntad. Tengo que elegir libremente el renunciar a ella, y en ello está realmente el mérito de la entrega.

47

EL DINERO

E*l dinero sólo es útil si sirve para despa-
rramar el amor de Cristo. Puede servir
para alimentar al Cristo hambriento.
Pero recordemos que no sólo siente hambre de pan,
sino de amor, de presencia, de contacto humano.*

Como podemos advertir, la Madre Teresa reconoce la utilidad del dinero, pero su propia experiencia es un ejemplo de que el dinero no soluciona
na todos los problemas. En otro sentido, a continuación nos recuerda que no todo tiene un precio, y
que hay cosas que no se pueden comprar.

*El dinero sólo puede comprar cosas materiales,
como alimentos, ropas y vivienda. Pero se necesita
algo más. Hay males que no se pueden curar con dinero... sino sólo con amor.*

Por otra parte, nos señala que el verdadero peligro no es el dinero en sí mismo sino nuestra actitud con respecto a él:

Cuando se experimenta apego al dinero se pierde el contacto con Dios. Pidamos, pues, a Dios que nos libre de tal apego. Sería preferible la muerte.

No debemos preocuparnos por el dinero, porque Dios siempre está ahí para ayudarnos.

No toda persona con dinero está apegada a los bienes materiales. Teniendo dinero, podemos ayudar a nuestros semejantes; al darle ese uso, lo enaltecemos.

Cuando se tiene dinero, ¿se pierde el contacto con Dios? Dios nos libre de ello. Más valdría morir. ¿Qué haríamos con el dinero que nos sobra? ¿Guardarlo en el banco?

No debemos caer nunca en la costumbre de preocuparnos por el futuro. No hay razón para ello. Dios existe. Tan pronto comenzamos a desear riquezas, también comenzamos a desear lo que el dinero nos puede dar: cosas superfluas, ambientes confortables, lujo en la mesa, más ropas, etc. Nuestras necesidades crecerán, una llevará a la otra, y el resultado será una insatisfacción permanente y sin fin.

Si es el dinero el que nos domina a nosotros, caeremos en aquello contra lo que nos advierte la Madre Teresa:

El riesgo que se corre es que la riqueza provoque avaricia, pues la avaricia alberga el pecado. Toda riqueza es un don de Dios, y es nuestra obligación compartirla con los menos favorecidos.

48
EL DOLOR

El mundo, hoy en día, es un "calvario abierto". En todas partes encontramos sufrimientos físico y psíquico. El dolor y el sufrimiento han invadido nuestras vidas, pero recuerden que el dolor, las penas, el sufrimiento, no son sino el beso de Jesús, una señal de que han llegado tan cerca de El que El puede besarlos. Acepten ese don de Jesús. Están reviviendo la pasión de Cristo, de modo que acéptenlo tal como El entra en sus vidas: maltrecho, destrozado, lleno de dolor y cubierto de heridas.

La Madre Teresa conocía, tal vez como ningún otro ser en el mundo, todas las caras del dolor. Quizá por eso lo trataba como un componente más de la vida. La mayoría de nosotros hemos asegurado siempre lo contrario; desperdiciamos gran parte de nuestro tiempo y energías tratando de evitarlo o negarlo. ¡Cuánto más sano sería poner en práctica este consejo de la Madre Teresa!:

El sufrimiento, si se acepta y soporta en forma compartida, puede convertirse en alegría. Recuerden que la Pasión de Cristo siempre culmina en la alegría de la resurrección, de modo que cuando sientan en su propio corazón los sufrimientos de Cristo, recuerden que la resurrección vendrá, indefectiblemente; la alegría de la Pascua no dejará de aparecer.

Nunca permitan que nada los llene tanto de pena y dolor como para olvidar la alegría de Cristo Resucitado.

A primera vista, estas líneas parecen pecar de un optimismo exagerado. ¿Pretende acaso la Madre Teresa que estemos contentos con el hecho de sufrir? Por supuesto que no, como explica seguidamente:

El sufrimiento en sí mismo no puede traer alegría, pero sí la visión de Cristo a través del dolor.

La alegría a la que se refiere no debemos buscarla en el dolor; hacerlo sería, naturalmente, algo por completo anormal. Hay que buscarla en el apoyo que seguramente nos brindará Jesús en ese trance.

La Madre Teresa se ha preocupado especialmente por dejar enseñanzas y consejos a hombres y mujeres que enfrentan etapas dolorosas en la vida, enfermedades de diversa gravedad y convalecencias angustiantes:

Cuando el dolor te visita, acéptalo con una sonrisa. Se trata del mayor regalo que Dios te hace. Ten el coraje de aceptar con una sonrisa cualquier cosa que de El te viene y devolverle de buen grado todo lo que te pide.

49
¿POR QUE NO?

Por qué esa gente y yo no? ¿Por qué está aquí esta persona recogida del arroyo y yo no? Este es el misterio. Nadie lo puede contestar. Pero no nos corresponde a nosotros decidir; sólo Dios puede decidir sobre la vida y la muerte.

Es posible que la persona sana esté más cerca de la muerte, e incluso más muerta, que la persona que se está muriendo. Pueden estar espiritualmente muertos, sólo que no se nota. Pero, ¿quiénes somos nosotros para decidirlo?

Todos nos hemos formulado esta pregunta al menos una vez en nuestra vida. Evidentemente, la Madre Teresa, un ser mortal como nosotros, no tiene la respuesta. Pero nos aporta para enfrentarla un sano consejo: la humildad. El recordar que hay sobre nosotros alguien inconmensurablemente más sabio y poderoso, y que todo tiene una razón justa, aunque no alcancemos a verla.

50
EL RESPETO POR LA VIDA

Durante toda su trayectoria, la Madre Teresa dedicó sus esfuerzos a luchar en favor de la vida. Para ella no había nada más sagrado, como no debiera haberlo para nosotros. Por ello nos recuerda que cada persona es un milagro del Señor, sin importar quién sea ni qué haya hecho:

La vida de cada ser humano, como ha sido creación de Dios, es sagrada y de infinito valor; porque El nos ha creado a todos nosotros, incluso al niño recién concebido. La imagen de Dios está en ese niño que aún no ha nacido.

Una de las grandes preocupaciones de la Madre Teresa era el aborto, al cual se oponía tenazmente. Aquí hay algunos ejemplos, escogidos de entre las numerosas veces en que se refirió a este conflictivo tema:

Muchos parecen tener dificultades en cuidar de las vidas de los niños no nacidos y por eso tratan de deshacerse de ellos. Sí, llegan al extremo de deshacerse de sus hijos interrumpiendo sus vidas. Esto es un síntoma espantoso. Incluso si se trata de un país muy pobre y parece no poder afrontar el esfuerzo de cuidar las vidas que Dios ha creado, o si las gentes de ese país en particular han adoptado una mentalidad tan equivocada. Yo no quiero pronunciarme sobre si el aborto debería o no ser declarado ilegal. Lo que yo pienso es que ninguna mano de hombre debería alzarse jamás para truncar una vida.

Para mí, la vida es el más bello don que Dios legó a la humanidad. Por eso, pienso que aquellas naciones que destruyen la vida legalizando el aborto y la eutanasia son las más pobres, porque no tienen alimento para un niño más ni hogar para un anciano más. Y, por eso, agregan un cruel asesinato más a este mundo.

No afirmo que sea legal o ilegal, pero considero que ninguna mano humana debería levantarse para matar la vida, ya que la vida es Dios vivo en nosotros, incluso en un niño aún no nacido. Y creo que el llanto de dolor de esos niños asesinados antes de llegar al mundo, es escuchado por Dios.

Jesús dijo que ante los ojos del Divino Padre somos más importantes que los bosques, las aves del cielo y las flores del campo. Y que si El cuida de todas esas cosas, tanto más cuidará de su propia vida en nosotros. La vida es el mayor regalo de Dios a los hombres, creados a su imagen y semejanza. La vida pertenece a Dios y no tenemos derecho a destruirla.

51
SABER ESCUCHAR

En una época en la que oímos tanto radio, televisión, ya no escuchamos. Hemos perdido la capacidad de escuchar lo importante, y a veces ni siquiera nos escuchamos a nosotros mismos. Si no escuchamos la voz interior, el amor no tiene posibilidad de existir. La Madre Teresa lo dice con énfasis para que no lo olvidemos nunca:

Nos amaremos los unos a los otros cuando escuchemos la voz de Dios en nuestros corazones.

En la vida cotidiana, cuando no sepamos qué hacer por nuestro prójimo, podemos pensar en alternativas simples como la que nos muestra la Madre Teresa:

En algunos lugares, como en Inglaterra, por

ejemplo, tenemos colaboradores que forman peque-
ños grupos "para escuchar". Se acercan a la gente
por ejemplo a los ancianos, ya sea en un asilo o en
sus propios hogares, se sientan con ellos y los dejan
hablar.

A las personas muy mayores les encanta tener
a alguien que los escuche contar sus historias ocu-
rridas muchos años atrás.

Escuchar a quienes nadie quiere escuchar, es
una bellísima acción.

El ejemplo que nos trae la Madre Teresa se refiere concretamente a Inglaterra, pero es aplicable a
muchos otros países, incluido el nuestro. Hagamos
caso a su reclamo, escuchemos a nuestros vecinos:

Aquí, en Inglaterra, y en muchos otros luga-
res, como el ejemplo de Calcuta, encontramos gente
solitaria que sólo es conocida por los demás por su
dirección, por el número de cuarto que ocupa en un
asilo. Y nosotros, ¿dónde estamos? ¿Tenemos real-
mente conciencia de la existencia de esa gente?

Esa es la gente que tenemos que conocer. Ese es
Jesús, ayer, hoy y mañana, y nosotros tendríamos
que conocerlos. Conocerlos nos llevará a amarlos, y
amarlos nos inducirá a servirlos. No nos conforme-
mos solamente con dar dinero. El dinero no es sufi-
ciente, y es más fácil de conseguir que una mano
que los atienda, que un corazón que los ame.

52

SER CRISTIANO

Casi todos nosotros creemos que, por haber sido bautizados, somos cristianos. Pero la realidad es otra: no basta con ir a misa los domingos para ser cristiano. Por el contrario, se puede serlo sin ir a misa; incluso sin saberlo. El cristianismo es una forma de vida, y no es fácil. Es más probable que el Señor nos perdone el faltar el domingo a un encuentro que el faltar a su espíritu todos los días.

Para entender esta idea, la Madre Teresa nos ofrece las siguientes palabras:

Hace algún tiempo, alguien preguntó a un caballero hindú: "¿Qué es ser cristiano?" y él le dio una respuesta muy simple pero nada común: "Un cristiano es la generosidad". Y analizando la historia de la cristiandad desde un principio, nos encontramos con que ella muestra que el cristianismo ha sido un continuo acto de dar.

Dios amó tanto al mundo que le dio a su propio hijo. Siendo rico se volvió pobre por amor a ti y a mí. Se entregó a Sí mismo en forma completa y total. Pero eso no fue suficiente. Dios quería dar algo más... darnos la oportunidad de darle algo a El. Y es así como se transfiguró en los hambrientos y en los desnudos para que pudiésemos ser generosos con El a través de ellos

Tan maravillosa es esta forma de vida, y nos hemos apartado tanto de ella, que como relata la Madre Teresa, Ghandi mismo llegó a aludir a ese modo de unión con Dios:

La unidad de los cristianos es importantísima. Los cristianos constituyen una especie de luz los unos para los otros y para el resto del mundo. Si somos cristianos, tenemos que reflejar a Cristo.
Gandhi dijo en una ocasión que si los cristianos viviesen de lleno su cristianismo, no quedarían hindúes en la India. Esto, pues, es lo que esperan de nosotros: que nuestro cristianismo sea auténtico.

53
UNO POR VEZ

Lo que nosotros hacemos no es nada más que una gota de agua en medio del océano. Pero si no lo hiciésemos, el océano tendría una gota menos de agua.

No tenemos razón para estar desmotivados, desalentados o sentirnos desdichados, porque lo que hacemos lo hacemos por y para Jesús.

Yo sé que hay miles y miles de pobres, pero sólo puedo pensar en uno por vez.

Jesús era uno solo, y yo interpreto así su palabra: "Lo que le hacéis al más pobre de vuestros hermanos, me lo hacéis a mí..." Mis Hermanas, mis Hermanos y yo sólo atendemos a una persona, a un solo individuo por vez.

Uno solamente puede salvar a uno por vez. Uno solamente puede amar a uno por vez.

Aquí la Madre Teresa nos ha revelado el secreto que le permitió llevar adelante una obra de proporciones monumentales. Así dicho parece muy sencillo, ¡y lo es! Es el mismo esquema que usamos, por ejemplo, cuando subimos una escalera: pensamos en cada escalón cuando lo enfrentamos. Si pensáramos en el escalón que está más arriba del que estamos a punto de subir, tropezaríamos. Si asumimos esta actitud, nuestra vida será mucho más fácil.

No crean que el amor, para ser verdadero, debe ser extraordinario. No. Lo que necesitamos de nuestro amor es la continuidad, la constancia de amar siempre a quien amamos. Miren cómo hace la lámpara para arder: consume continuamente pequeñas gotas de aceite. Si no existiesen esas pequeñas gotas en la lámpara, no habría luz, y el Esposo Celestial tendría derecho a decir: "No te conozco".

Hijos míos, ¿qué son esas gotas de aceite en sus lámparas? Son las pequeñas cosas de la vida cotidiana: fidelidad, puntualidad, una palabra de afecto, pensar un poco en los otros, esos en apariencia intrascendentes actos de silencio, una mirada y un pensamiento, una palabra y una acción. Son las gotas de amor que hacen que nuestra vida religiosa arda con tanta luz. No busquen a Jesús en países lejanos; El no está allí. El está en cada uno de ustedes. No permitan que sus lámparas dejen de arder, y nunca dejarán de verlo a El.

A pesar de que éstas son palabras que aluden a la vida religiosa, son sin embargo muy adecuadas también para la vida laica. Creemos que lo que hace agradable nuestra vida son las comodidades, el confort, los objetos. Pero si observamos con atención, veremos que, tal como ha dicho la Madre Teresa, son los pequeños gestos de los demás los que llenan nuestra vida.

54

VER A CRISTO EN LOS POBRES

*S*i *queremos que los pobres vean a Cristo en nosotros, primero tenemos nosotros que ver a Cristo en los pobres.*

Para ser verdaderos cristianos, debemos tratar de encarnar a Cristo, sentirlo en nosotros. La Madre Teresa nos demuestra que primero debemos tratar de verlo en los demás. También tenemos que entenderlo, y para ello es necesario que experimentemos algo de lo que El vivió:

Después de trabajar muchos años entre hombres, mujeres y niños moribundos, enfermos, tullidos, físicamente impedidos y deficientes mentales, he llegado a una sola conclusión. Al intentar compartir el sufrimiento de toda esa gente, comencé a comprender lo que Jesús debió sentir cuando se acercó a su pueblo y éste lo rechazó.

Hoy encontramos a Cristo en la gente que es rechazada, en los que no tienen trabajo, en aquellos a quienes nadie cuida, en los hambrientos, en los desnudos y en los que no tienen hogar. Parecen seres inútiles para el Estado o para la sociedad, y nadie tiene tiempo para ellos. Somos tú y yo, como cristianos merecedores del amor de Cristo, si nuestro amor por El es realmente sincero, quienes tenemos que buscar a esos desamparados y ayudarlos.

Si logramos verlo en los que sufren, será casi imposible no compartir su dolor y de esta forma ayudarlos.

Nuestro trabajo requiere que sepamos ver a Jesús en todo ser humano. Nos ha dicho que es El el hambriento, el desnudo, el sediento. Es El quien carece de hogar, quien sufre... Todos los que padecen como El, son Jesús en su terrible y sufriente disfraz.

Hambriento de amor, te mira. Sediento de cariño, te implora. Desnudo de lealtad, pone sus esperanzas en ti. Enfermo y prisionero, espera tu amistad. Carente de hogar, busca abrigo en tu corazón. ¿Le abrirás tu corazón y te brindarás a El?

La Madre Teresa nos dirige a todos un pedido desgarrado:

Los marginados, los rechazados, los que no son amados por nadie, los alcohólicos, los desahuciados moribundos, los abandonados y los solitarios, los descastados y los intocables, los que sufren de lepra... todos aquellos que son una carga para la sociedad, que han perdido toda esperanza y toda fe en la vida, que se han olvidado de lo que es una sonrisa, que han perdido la sensibilidad a la cálida mano de un amigo... todos ellos esperan consuelo de

nosotros. Si les volvemos la espalda, es como si se la vol-
viésemos a Cristo, y en la hora de nuestra muerte sere-
mos juzgados por la forma en que supimos reconocer a
Cristo en ellos y en lo que les hemos sabido brindar Só-
lo habrá dos alternativas: "ven" o "vete".

Por eso, les ruego a todos y a cada uno de ustedes
pobres y ricos, jóvenes y viejos que ofrezcan sus manos
para servir a Cristo en los pobres, y que abran sus cora-
zones para amarlo en ellos. Pueden estar lejos o cerca,
sufrir de pobreza física o espiritual, estar hambrientos
de amor y amistad; pueden ignorar la riqueza del
amor de Dios, pueden necesitar de un hogar de
amor en tu corazón. Y dado que el amor comienza
por casa, quizás este Cristo hambriento, desnudo,
enfermo o desamparado, se encuentre en tu propio
corazón, en tu familia, en tu comunidad, en el país
en que vives, en el mundo todo.

55
VIVIR EL PRESENTE

La espiritualidad no se opone al realismo. La Madre Teresa, con toda su espiritualidad, tenía los pies muy bien plantados en la Tierra. Por eso su trabajo, así como su vida, se guiaba por la regla de vivir el día:

El mañana aún está por llegar. El ayer ya se ha ido. Yo vivo sólo para hoy.

¿Qué nos quiere decir con esta afirmación? ¿Acaso que vivamos nuestra vida despreocupadamente, que dejemos todo en manos de Dios y nos crucemos de brazos?

No, definitivamente. Lo que nos quiere decir es que si nos esforzamos, no debe angustiarnos el futuro. ¿Cuántas veces dejamos de hacer algo importante, ya sea para nosotros o para los demás, porque no vemos claramente adónde puede conducirnos en el futuro?

Justamente a eso se refiere la Madre Teresa: si seguimos nuestro corazón y lo ponemos en la tarea, no debemos preocuparnos por el futuro. Debemos entonces confiar en el Señor.

De la misma forma, tampoco debe preocuparnos el pasado. Lo que pasó ya no tiene solución y uno no debe permitir que le impida hacer lo que debe.

Así lo ha dicho la Madre Teresa:

Vivimos día a día, confiadas únicamente en la Divina Providencia. Recibimos mucho y lo damos todo. Yo soy como un lapicero en la mano de Dios.

Una vez que decidimos vivir el día y lanzarnos a la obra, debemos confiar en la Divina Providencia. Y si las cosas no salen como esperábamos, debemos con humildad resignarnos a Su Voluntad y creer que, seguramente, fue para bien que no ocurriera lo que deseábamos.

Tanta importancia le daba la Madre Teresa a esta actitud frente a la vida, que la incluyó en las reglas de su Orden:

El futuro no está en nuestras manos. No ejercemos poder sobre él. Sólo nos queda actuar aquí y ahora.

En el Documento Fundacional de nuestra congregación, hay una máxima que merece ser reiterada aquí: "...Dejaremos que Dios haga los planes para el futuro; porque el ayer ya se ha ido, el mañana aún no ha llegado, y sólo disponemos del presente para hacer que conozcan al Señor, que lo amen y lo sirvan. Nuestro Señor nos dijo que no nos preocupemos por el futuro. Jesús es siempre el mismo, ayer, hoy y mañana. Jesús es siempre el mismo, y sólo El importa".

FESTIVIDADES CELEBRADAS POR LOS MISIONEROS DE LA CARIDAD

Permitamos...

Permitamos a todos convertirse en verdaderas y fructíferas ramas de la Viña que es Jesús, aceptándolo a El en nuestras vidas cuando quiera entrar en ellas:
como la verdad - para ser contada;
como la vida - para ser vivida;
como la luz - para ser encendida;
como el Amor - para ser amado;
como la Senda - para ser caminada;
como la Alegría - para ser dada;
como la Paz - para ser diseminada;
como el Sacrificio - para ser ofrecido.
En nuestras familias y en nuestro vecindario.

El fruto...

El fruto del silencio es la oración.
El fruto de la oración es la fe.
El fruto de la fe es el amor.
El fruto del amor es el servicio.
El fruto del servicio es la paz.

Oración del Papa Pablo

Haznos merecedores, Señor, de servir a nuestros semejantes a través del mundo, que viven y mueren pobres y hambrientos. Dales hoy, por nuestras manos, su pan diario y por nuestro comprensivo amor, dales paz y alegría.

Oración de San Francisco

Señor, hazme un canal de Tu paz,
que donde hay odio, pueda traer paz,
donde hay mal, pueda traer el espíritu del perdón,
donde hay discordia, pueda traer armonía,
donde hay error, pueda traer verdad,
donde hay duda, pueda traer fe,
donde hay sombras, pueda traer luz,
y donde hay tristeza, pueda traer alegría.
Señor, concédeme que pueda confortar, antes que ser confortado;
que pueda comprender, antes que ser comprendido;
que pueda amar, antes que ser amado.
Porque es olvidándose de uno mismo, que uno encuentra.
Es perdonando, que uno es perdonado.
Es muriendo que uno accede a la vida eterna.

Oración por la paz

Condúceme de la muerte a la vida,
de la mentira a la verdad;
condúceme de la desesperación a la esperanza,
del temor a la confianza;
condúceme del odio al amor,
de la guerra a la paz.
Deja que la paz llene nuestro corazón, nuestro mundo,
nuestro universo... paz, paz, paz.

Oración para el Espíritu Santo

Alienta en mí, oh Espíritu Santo, para que mis pensamientos sean todos santos.

Actúa en mí, oh Espíritu Santo, para que mi trabajo también pueda ser santo.

Extrae mi corazón, oh Espíritu Santo, para que ame sólo lo que es santo.

Dame fuerza, oh Espíritu Santo, para defender todo lo que es santo.

Guíame entonces, oh Espíritu Santo, para que pueda ser siempre santo.

Cualquier cosa que hagas

Cuando estaba hambriento, me diste de comer; cuando tuve sed me diste de beber.

Cualquier cosa que hagas al menor de los míos, me lo haces a Mí. Ven y entra en la casa de Mi Padre.

Cuando era un extraño, Tú me abriste tu puerta; cuando estuve desnudo, Tú me diste ropas.

Cuando estuve cansado, me diste paz; cuando estuve asustado, Tú me calmaste.

Cuando era pequeño, me enseñaste a leer; cuando estaba solo, me diste Tu amor.

Estuve en la prisión, Tú me visitaste; estuve enfermo y Tú me cuidaste.

En un país extraño, me diste un hogar; cuando no tuve trabajo, me encontraste uno.

Cuando estuve herido, Tú me curaste; buscando una amistad, Tú me diste Tu mano.

Fuera negro, blanco o amarillo, burlado o insultado, Tú cargaste mi cruz.

Cuando fui viejo, Tú me sonreíste; cuando no pude encontrar paz, Tú me la trajiste.

Tú me viste: lleno de pena y sangre; sucio de sudor, y aun así Tú dijiste conocerme.

Estuviste a mi lado en épocas de desprecio; en la hora de alegría, estuvimos juntos.

Irradiando a Cristo

Querido Jesús, ayúdame a esparcir Tu fragancia dondequiera que vaya. Inunda mi alma con Tu espíritu y vida. Penetra y posee todo mi ser tan finamente que toda mi vida pueda ser sólo una radiación de la Tuya.

Brilla a través de mí y sé de tal forma en mí que cada alma con la que entre en contacto pueda sentir Tu presencia en la mía.

¡Déjame mirar y no ver otra cosa que sólo a Ti, Jesús! Quédate conmigo, y entonces empezaré a brillar como Tú brillas para así brillar para ser la luz para otros. La luz, ¡oh, Jesús, será toda Tuya; nada de ella será mía: serás Tú brillando sobre otros a través de mí!

Déjame así glorificarte de la forma en que más amas: brillando sobre aquellos a mi alrededor.

Déjame predicarte sin predicar, sin palabras, pero con mi ejemplo, por la fuerza atrapadora, la influencia simpática de lo que haga, la evidente completud del amor que mi corazón Te tiene. Amén.

Oración a Nuestra Señora

María, Madre de Jesús, dame tu hermoso cora-
zón, tan puro, tan inmaculado, tan lleno de amor y
humildad que pueda ser capaz de recibir a Jesús en
el Pan de Vida, amarlo como Tú lo amaste y servir-
lo como Tú lo serviste en el desconcertante disfraz
del más pobre de los pobres. Amén

Recuerda...

Recuerda, oh graciosa Virgen María, que nun-
ca se supo que alguien que acudiera a Tu protec-
ción, implorara Tu ayuda o buscara Tu intercesión,
fuera dejado desamparado.

Inspirados en esta confianza volamos a Ti, oh
virgen de las vírgenes, nuestra Madre. A Ti venimos,
ante Ti nos presentamos llenos de pecado y de pena.

¡Oh, Madre del mundo encarnada, no despre-
cies nuestras peticiones, sino, en Tu clemencia, es-
cúchanos y respóndenos! Amén.

Pensamiento para el 7 de octubre

Hasta el fin de mis días, Jesús es para mí:
mi Dios,
mi amado,
mi vida,
mi único amor,
mi todo en todo,
mi más alto bien.
Jesús, te amo con todo mi corazón;
Jesús, te amo con toda mi alma.

Le di todo, hasta mis pecados, y El me tomó en Su
tierno amor como Su novia. Desde ahora hasta el fin de
mis días, soy la novia de mi novio crucificado. Amén.

INDICE

1º de enero Solemnidad de María Madre de Dios.

El día en que la Madre Teresa comenzó su espera del permiso de Roma para seguir su "vocación dentro de la vocación".

6 de enero La Madre Teresa llega a Calcuta como postulante desde la Abadía de Loreto, Dublín, Irlanda.

1º de febrero Decreto de la Alabanza.

Los Misioneros de la Caridad son reconocidos como Sociedad con derechos pontificios.

2 de febrero La Purificación de María.

Presentación del Niño Jesús en el Templo.

19 de marzo Fiesta de San José, Esposo de María.

La Hermana Agnes se une a la Madre Teresa.

25 de marzo La Anunciación de María.

Se funda la Orden de los Hermanos Contemplativos de los Misioneros de la Caridad.

11 de abril   La Madre Teresa y su primer grupo de Hermanas inician su noviciado.

12 de abril   Votos Perpetuos de la Madre Teresa como Misionera de la Caridad; primeros votos del grupo.

1º de mayo   Fiesta de San José Obrero.

14 de mayo   La Madre Teresa profesa los Votos Perpetuos como Hermana de Loreto.

24 de mayo   Primeros Votos de la Madre Teresa en Darjeeling, como Hermana de Loreto.

31 de mayo   La Visitación.
Junio (variable) Sagrado Corazón de Jesús.
Junio (variable) Inmaculado Corazón de María.

25 de junio   Fundación de la Orden de las Hermanas Contemplativas de los Misioneros de la Caridad.

29 de junio   Fiesta de San Pedro y San Pablo. Festividad de todas las Hermanas consagradas de los Misioneros de la Caridad.

26 de julio   Fundación de los Colaboradores de la Madre Teresa.

8 de agosto   La Madre Teresa deja Loreto para unirse a las Pequeñas Hermanas de los Pobres.

15 de agosto   Asunción de la Santísima Virgen María de los Cielos.

18 de agosto   La Madre Teresa va a Patna para estudiar medicina básica con los Misioneros Médicos.

22 de agosto   Fiesta de Santa María Reina.
Los Misioneros de la Caridad celebran la fiesta del Inmaculado Corazón de María.
Se inaugura el Hogar de los Moribundos.

26 de agosto   Cumpleaños de la Madre Teresa.

27 de agosto   Bautismo de la Madre Teresa.

8 de setiembre   Nacimiento de María.

10 de setiembre   Día de la Inspiración: en su viaje en tren a Darjeeling, la Madre Teresa escuchó un "llamado especial dentro de su vocación", que la instaba a dejar el Convento de Loreto e ir a trabajar con los pobres en los arrabales.

14 de setiembre   Triunfo de la Cruz.

1º de octubre   Fiesta de Santa Teresa de Lisieux. Fiesta de la Madre Teresa.

7 de octubre   Nuestra Señora del Rosario.
Aprobación e institución de la Nueva Congregación de los Misioneros de la Caridad en Calcuta. Fiesta de Acción de Gracias para los Misioneros de la Caridad en todo el mundo.

31 de octubre   Día de la Fundación de los Sacerdotes de la Caridad en todo el mundo.

1º de noviembre   Día de Todos los Santos.

13 de noviembre   Celebración de la fiesta de San Estanislao.
Fiesta de Todas las Novicias de los Misioneros de la Caridad.

21 de noviembre   Presentación de la Virgen María en el Templo.

28 de noviembre   La Madre Teresa deja el Hogar de su infancia para ir a Rathfarnaham, Dublín, sede de las Hermanas de Loreto.

8 de diciembre   Fiesta de la Inmaculada Concepción.

21 de diciembre   La Madre Teresa ve por primera vez los míseros arrabales de Motighil.

Apéndice

ORACIONES DE LAS HERMANAS MISIONERAS DE LA CARIDAD (*)

(*) Extraídas del Libro de Oraciones de las Misioneras de la Caridad.

TÍTULOS DE ESTA COLECCIÓN